Ed Merid

En brisant les chaînes de la solitude

COMMENT SE FAIRE DES AMIS

EN BRISANT LES CHAÎNES DE LA SOLITUDE

ED MERID

Table des matières

Introduction

Êtes-vous las de cette solitude oppressante qui vous étreint jour après jour ? Fatiguée de regarder les autres rires, s'amuser et partager des moments de complicité quand vous restez spectatrice, à l'écart ? Ce vide intersidéral qui vous ronge quand les conversations s'éteignent et que le silence se fait pesant...il est grand temps d'y mettre un terme définitif !

Car l'amitié n'est pas ce luxe ésotérique et inaccessible que l'on se refuse, faute de codes sociaux supposément complexes. Non, elle demeure avant tout ce lien humanisant, essentiel à notre équilibre et à notre épanouissement personnel. Un délicieux élixir qui donne des ailes et permet d'affronter les turbulences de l'existence avec légèreté.

Et pourtant, notre société en a fait une véritable quête initiatique digne des plus grands héros mythologiques. Comme si créer des liens sincères et durables nécessitait des qualités hors du commun ! Faux. Il suffit de lever le voile sur ces règles implicites érigées en murailles infranchissables, ces croyances erronées qui minent notre naturelle disposition à l'ouverture et aux connexions profondes.

Les statistiques sont d'ailleurs éloquentes : près d'un adulte sur quatre aux États-Unis souffre de solitude chronique. Au Royaume-Uni, plus de 9 millions de personnes affirment souvent ou toujours se sentir délaissées. Une vague montante qui n'épargne personne - jeunes, âgés, femmes, hommes, de tous milieux socio-économiques. Un fléau aux multiples racines : difficultés à nouer des liens authentiques dans un monde virtuel, timidité, anxiété sociale, ruptures, deuils...

Mais il existe des solutions éprouvées ! D'un trait de plume, ce livre vous révélera les véritables codes qui régissent l'amitié. En déchiffrant ces règles naturelles, vous découvrirez les clés pour réinventer votre rapport aux autres et vous lier avec profondeur et authenticité. Car contrairement aux idées reçues, se faire des amis n'est réservé ni à une élite ni à une langue ésotérique ! Des techniques simples mais puissantes permettent à chacun d'entrer dans cette danse des âmes sœurs.

Prêt à embrasser enfin cette vie riche en chaleur humaine que vous méritez ? À surmonter les obstacles et développer votre "intelligence sociale" ? À identifier les opportunités de tisser de solides connexions ? Alors, laissez ce guide devenir votre phare vers ces rivages d'amitié où la solitude ne sera plus qu'un lointain souvenir.

Chapitre 1 : Comprendre la solitude et ses effets

Avez-vous déjà ressenti cette sensation dévorante, ce vide sidéral au creux de votre être ? Comme si, inexplicablement, vous vous retrouviez à dériver seul dans l'immensité glaciale de l'univers, coupé de tout lien avec la chaleur rassurante de l'humanité... Égaré au milieu d'une foule indifférente qui vous frôle sans jamais vous atteindre vraiment.

C'est ce mal insidieux et multiforme que l'on nomme "solitude". Une expérience à la fois intime et universelle, un spectre qui hante l'âme de chacun d'entre nous à un moment ou un autre de notre existence.

Car n'en déplaise aux idées reçues, la solitude ne se résume pas à cet état d'isolement social évident et visible de tous. Ses tentacules sont bien plus profonds, plus insidieux. Elle peut tout aussi bien ronger l'esprit du mieux entouré, s'immiscer en traître au creux de ses relations les plus chères.

Il existe en effet de multiples visages à cette solitude sournoise, des nuances subtiles, mais déterminantes selon sa nature émotionnelle, sociale ou existentielle. Un panel de défis distincts qui appellera des stratégies d'adaptation et de transcendance tout aussi singulières.

Qu'on ne s'y trompe pas cependant, aucune de ces solitudes n'est une fatalité, une malédiction à laquelle se résigner passivement. Bien que douloureuse, chacune recèle au contraire les germes d'une profonde renaissance intérieure, d'un cheminement vers plus d'épanouissement et d'authenticité.

Car avant de pouvoir s'en extraire, encore faut-il bien cerner les multiples ressorts de ce fléau trop souvent mésestimé. Comprendre ses origines, ses nuances, son insidieuse capacité à se réinventer sans cesse. Mais aussi et surtout, prendre la pleine mesure de ses impacts dévastateurs sur notre équilibre global si nous la laissons prospérer.

Ce n'est qu'à ce prix que nous pourrons véritablement l'apprivoiser et renouer avec la plénitude d'une vie baignée de chaleur humaine. Embrassons donc ensemble cette lame de fond trop longtemps ignorée, et permettons-lui enfin d'échouer sur les rivages radieux d'une nouvelle conscience... de nouvelles amitiés florissantes à cultiver avec passion !

1.1- Les différents types de solitude

Bien que l'on ait tendance à la percevoir comme un état monolithique, la solitude revêt en réalité de multiples visages, des nuances subtiles mais ô combien déterminantes. Car en fonction de sa nature spécifique, les stratégies pour la transcender différeront. Une compréhension fine de ces diverses formes s'impose donc pour mieux cerner les défis propres à chacune.

Tout d'abord, il convient de distinguer la solitude émotionnelle de son pendant social. La première désigne ce gouffre intérieur, ce sentiment lancinant d'être profondément incompris dans son essence même, déconnecté des autres sur un plan spirituel et intime. On peut alors se sentir désespérément seul au milieu d'une foule, happé par un vide affectif pesant.

La solitude sociale, quant à elle, se traduit plutôt par un manque criant d'intégration dans un réseau de contacts, de relations qu'elles soient amicales, familiales ou autres. Un isolement relationnel concret qui prive l'individu des interactions humaines régulières nécessaires à son équilibre.

Ces deux formes peuvent bien sûr se chevaucher dans de complexes schémas qu'il n'est pas toujours aisé de démêler. Mais toutes deux demeurent de redoutables poisons pour l'âme humaine. D'un côté, la solitude émotionnelle ronge insidieusement l'estime de soi, la motivation, le sens donné à l'existence. De l'autre, un isolement social sévère engendre anxiété, ennui, et un profond sentiment d'exclusion.

Cependant, même passagère, toute solitude n'est pas nécessairement négative ou indésirable. La solitude peut parfois se révéler situationnelle, c'est-à-dire temporaire et imposée par des circonstances extérieures particulières. Un déménagement, une transition de vie majeure, la perte d'un être cher... Autant d'événements déstabilisants susceptibles de provoquer une solitude ponctuelle, certes difficile mais surmontable avec le temps et les bons outils.

À l'autre extrémité du spectre, la solitude existentielle représente cette quête spirituelle intérieure, ce questionnement profond sur le sens et la place que l'on occupe dans l'univers. Une introspection choisie, une solitude féconde quoique déstabilisante, qui fait partie intégrante du cheminement de tout être conscient vers la connaissance de soi.

Quelle que soit sa nature cependant, il est essentiel de ne pas nier ou refouler ces différentes solitudes qui nous habitent à un moment ou un autre. Les accepter avec bienveillance, sans jugement excessif, représente souvent la première étape vers leur dépassement. Car c'est dans cet accueil ouvert de notre condition humaine que pourront germer les solutions les plus pérennes et épanouissantes.

Heureusement, bien que profondément intime et personnelle, notre expérience de la solitude n'est jamais unique. D'innombrables autres avants nous ont foulé ces mêmes sentiers parfois ardus. Et comme eux, nous disposons de formidables ressources intérieures et extérieures pour nous en extraire, dès lors que nous embrassons ces diverses formes avec lucidité.

1.2- Les causes de la solitude

Pourquoi certains d'entre nous sombrent-ils plus aisément que d'autres dans les affres dévastatrices de la solitude ? Si ses racines sont à la fois profondes et multiples, on peut néanmoins dégager quelques grands facteurs récurrents qui semblent favoriser l'isolement sous toutes ses formes.

Tout d'abord, certaines caractéristiques personnelles et traits de personnalité constituent d'importants terrains propices. Une timidité maladive ou des troubles anxieux notoires représentent ainsi de redoutables obstacles à l'établissement de saines relations sociales. Se terrer dans sa coquille, fuir les interactions par peur du jugement ou du rejet... voilà un cercle vicieux bien ancré chez de nombreux solitaires.

A cela s'ajoutent souvent des schémas de pensées négatives, voire des distorsions cognitives réelles qui entretiennent ce repli sur soi. Une piètre estime de soi, une mentalité désapprobatrice et critique à l'excès, la conviction ancrée d'être "anormal" ou indigne d'affection... Autant de croyances toxiques qui minent les meilleures résolutions d'aller vers les autres.

Mais au-delà de ces dispositions individuelles parfois héritées dès le berceau, certains facteurs sociétaux et environnementaux jouent un rôle prépondérant. Les ruptures familiales précoces, qu'il s'agisse de divorces ou de deuils, engendrent d'inévitables blessures affectives propices à l'érection de barrières défensives.

De même, les déménagements fréquents liés à une quête professionnelle ou des études éloignées du cocon originel déstabilisent nos réseaux relationnels existants. Combien d'entre nous ont ainsi dû repartir de zéro dans une nouvelle ville, de temps en temps un nouveau pays ?

La précarité économique représente un autre important facteur de risque. En plus d'exacerber les angoisses et les tensions déjà bien présentes, elle dresse de multiples barrières à l'ouverture sur l'autre. Difficultés de transports, manque de temps et d'énergie, honte de sa situation... Un cumul de freins délétères.

Enfin, et ce n'est pas le moindre des paradoxes, notre société ultra-moderne et zappante semble elle-même structurellement propice à la solitude de masse. Nos modes de vie privilégient la performance individuelle au détriment du précieux lien social. L'individualisme forcené laisse peu de place aux véritables connexions profondes. Dans ces conditions, n'est-il pas presque naturel que l'isolement devienne la norme pour une frange grandissante de la population ?

Face à un tel cumul de causes potentielles, enchevêtrées dans des dynamiques complexes, une chose est sûre : la solitude ne résulte que rarement d'un simple concours de circonstances. Bien souvent, elle procède de fragilités multifactorielles qui s'autoalimentent pour former une toile résistante, mais pas inextricable pour autant. À condition d'en démêler patiemment les fils avec clairvoyance et détermination.

1.3- <u>Différences culturelles et sociétales dans la perception de la solitude</u>

Si la solitude est une expérience universellement partagée par toute l'humanité, la façon dont elle a été vécue et interprétée n'en demeure pas moins grandement influencée par les prismes culturels et sociétaux particuliers. Des différences de perceptions parfois radicales qui colorent ce phénomène de nuances contrastées selon les régions du globe.

Dans de nombreuses sociétés collectivistes par exemple, en Asie ou en Afrique, l'appartenance à un solide réseau social représente la norme incontestée, un impératif existentiel. S'en extraire, même temporairement, peut vite être perçu comme une forme de déviance, un choix délibéré et mal vu d'exclure son indispensable soutien communautaire.

À l'inverse, les civilisations occidentales plus individualistes ont tendance à valoriser des concepts comme l'indépendance, l'autonomie et l'épanouissement personnel. Dans ce contexte, la solitude est souvent idéalisée, quasi-romantisée comme un espace de liberté spirituelle propice à la réflexion et à la connaissance de soi.

Ces divergences de valeurs et de représentations mentales forgent inévitablement des expériences radicalement différentes du phénomène d'isolement émotionnel ou social. Elles façonnent nos croyances sur ce qui constitue des "relations saines" auxquelles aspirer, ou pas.

Peu étonnant dans ces conditions que de nombreux immigrants, en phase de transition entre deux systèmes de pensée aux antipodes, se retrouvent profondément déstabilisés dans leur rapport à la solitude. Recréer un nouveau cercle social signifie aussi s'adapter à de nouvelles normes parfois déroutantes, un changement de paradigme existentiel complet.

Mais au-delà des spécificités régionales évoquées, la solitude reste paradoxalement l'un des plus grands tabous mondiaux communs, quelle que soit la société. Partout, on l'associe à la marginalité, au déclassement, à une forme d'échec social indésirable. Un stigmate paralysant qui ne fait bien souvent qu'alimenter un cycle vicieux de repli sur soi et d'isolement accru.

Heureusement, cette homogénéisation des perceptions négatives ne fait que renforcer l'idée que la solitude demeure une problématique foncièrement humaine, universelle. Un défi qui, quelle que soit notre culture d'origine, nous concerne tous à un moment dans l'existence. Et que seule une meilleure compréhension mutuelle permettra de relever.

Car c'est bien par la connexion retrouvée, au-delà des carcans sociétaux et des frontières, que l'Humanité séculaire vaincra les affres de cette solitude à la fois intime et partagée. Dans un embrassement collectif de nos apparentes différences, pour mieux célébrer l'universalité de nos racines communes et de nos aspirations les plus nobles.

1.4- Impact de la technologie moderne et des médias sociaux

Depuis le début du XXIe siècle, les avancées fulgurantes des nouvelles technologies de l'information et des médias sociaux ont profondément révolutionné nos modes de communication et d'interactions humaines. Mais loin d'unifier les peuples comme certains l'espéraient, ces outils à double tranchant semblent avoir dans bien des cas exacerbé les risques d'isolement social et émotionnel.

D'un côté, il est indéniable que les plateformes de réseaux sociaux telles que Facebook, Twitter ou Instagram nous ont permis de rester connectés à distance comme jamais auparavant dans l'Histoire. Où que nous soyons sur la planète, il est aujourd'hui aisé d'entretenir des échanges instantanés avec parents, amis ou connaissances.

Pratique, certes, mais ces relations dématérialisées peinent souvent à combler nos besoins fondamentaux de contacts chaleureux, d'affection réelle. Trop souvent, elles ne demeurent que des ersatz de véritables connexions profondes, des simulacres émotionnellement insatisfaisants sur le long terme.

Pire, plusieurs études ont mis en lumière la propension des réseaux sociaux à nourrir un cercle vicieux d'isolement et de détresse psychologique. Défilé infini de vies idéalisées en ligne, pression sociale inversement proportionnelle au nombre d'abonnés, harcèlement en meute facilité par l'anonymat virtuel... Autant de facteurs anxiogènes qui poussent de nombreux utilisateurs à décrocher et à s'enfermer dans leur coquille.

La technologie omniprésente semble également hypothéquer nos capacités à communiquer de manière saine et spontanée en face-à-face. Pour certains de nos contemporains, rien ne paraît plus intimidant et artificiel aujourd'hui que d'entretenir de simples conversations enrichissantes en personne, sans l'écran protecteur des smartphones.

Mais ces outils ne sont que ce que nous en faisons finalement. Car dans le même temps, les plateformes en ligne permettent de réunir virtuellement des communautés d'intérêts auparavant dispersées et isolées géographiquement. Pour de nombreuses minorités ou personnes en situation de handicap, elles représentent une formidable ouverture sur le monde extérieur.

Mieux encore, la technologie moderne a aussi permis l'émergence de nouvelles solutions innovantes pour lutter contre la solitude elle-même. Applications de mise en relation personnalisées, robotique sociale d'assistance, réalité augmentée pour recréer des interactions immersives à distance... Autant de pistes prometteuses pour réinventer le lien social à l'ère du numérique.

Au final, comme pour la plupart des avancées techniques majeures, la balance bénéfices/risques des outils connectés dépendra surtout de la sagesse et de la maturité avec lesquelles les individus et les sociétés sauront les apprivoiser. À condition d'en user avec discernement et modération, comme simples compléments à une vie sociale déjà riche et non comme substituts déshumanisants.

1.5- Conséquences de la solitude sur notre santé mentale et physique

Si les effets psychologiques dévastateurs de la solitude sont dorénavant bien documentés, ses impacts néfastes sur notre santé physique générale tendent à être encore largement sous-estimés. Et pourtant, de nombreuses études récentes établissent des liens désormais indiscutables entre isolement social chronique et risques accrus de pathologies sérieuses.

Sur le plan mental tout d'abord, il ne fait aujourd'hui aucun doute que la solitude représente un important facteur de risque pour la dépression et l'anxiété. Le manque cruel de soutien émotionnel, de contacts chaleureux et valorisants alimente un profond sentiment de dévalorisation, de vide existentiel. Un terreau propice aux pensées négatives toxiques et aux comportements autodestructeurs.

Mais au-delà de ces troubles évidents, la solitude semble aussi exacerber les risques de troubles cognitifs comme la démence sénile, en privant le cerveau de la stimulation sociale dont il a besoin pour rester vif. Pire, certaines études suggèrent que la maladie d'Alzheimer elle-même pourrait être favorisée par un isolement social et émotionnel prolongé.

Sur le plan purement physiologique désormais, l'une des conséquences les plus manifestes de la solitude demeure une perturbation significative des cycles de sommeil réparateurs. Angoisse, ruminations mentales obsédantes, manque de stimulation durant la journée... Autant de facteurs qui sabotent la qualité du repos nocturne, entraînant à son tour fatigue chronique et risques de comorbidités.

Plus alarmant encore, de récents travaux scientifiques ont établi des corrélations entre solitude et vulnérabilité accrue face à certaines pathologies cardiovasculaires potentiellement mortelles comme l'hypertension, les accidents cardiovasculaires ou l'insuffisance cardiaque. L'isolement semble en effet déclencher une augmentation du stress oxydatif et de l'inflammation au sein de l'organisme, autant de processus précurseurs.

Mais les maux de la solitude ne s'arrêtent pas là. Ils semblent aussi directement impliqués dans la fragilisation globale du système immunitaire, nous exposant davantage aux risques d'infection, de maladies auto-immunes et même de certains cancers. Privé du réconfort et du soutien moral indispensables en période difficile, le corps fragilisé peine à mobiliser ses défenses naturelles.

Enfin, il est désormais établi que la solitude chronique constitue un facteur de risque majeur pour différents troubles de l'alimentation comme l'obésité ou la boulimie. Automédication par la nourriture, grignotage compulsif, manque d'activité physique et de lien social structurant... Un cocktail détonant aux conséquences parfois irréversibles si rien n'est fait pour y remédier.

Face à un tel cumul d'impacts aux lourdes répercussions, le constat est sans appel : la solitude ne représente pas un simple désagrément psychologique passager, mais bel et bien un véritable enjeu sanitaire de première importance. Une prise de conscience urgente s'impose donc, tant au niveau individuel que sociétal, pour mieux la prévenir et l'endiguer. Non sans redonner au passage à l'humanité retrouvée toute sa juste place, au cœur d'une vie plus saine et plus épanouie.

1.6- Avantages de l'amitié et des relations sociales

Après avoir longuement exploré les multiples facettes de la solitude et ses répercussions parfois dévastatrices, il est désormais temps de nous tourner vers la lumière salvatrice des relations humaines chaleureuses et épanouissantes. Car l'amitié, ce lien si singulier et pourtant si essentiel, recèle d'innombrables bienfaits insoupçonnés, bien au-delà du simple réconfort émotionnel dont chacun a besoin.

Tout d'abord, sur un plan purement psychologique, le soutien indéfectible d'amis dignes de confiance s'avère l'un des meilleurs remparts contre les affres de la dépression et de l'anxiété. Outre l'évidente réassurance de ne pas être seul au monde, ces relations privilégiées nous offrent un espace de liberté pour exprimer nos doutes, nos craintes les plus enfouies sans jugement.

En partageant ainsi nos fardeaux émotionnels, nous les allégeons d'un poids souvent insoupçonné. Et que dire du réconfort immédiat apporté par une simple écoute compatissante ou quelques mots réconfortants au moment opportun ! Autant d'encouragements bienvenus pour persévérer sur la voie de l'épanouissement personnel.

Les amitiés sincères représentent également de formidables vecteurs d'estime de soi et de confiance en soi renouvelées. Être apprécié, respecté et validé par des proches qui nous connaissent dans nos moindres rouages dissipe insidieusement bien des doutes et des carences. On s'autorise plus aisément à s'aimer et à se pardonner soi-même quand on se sait déjà aimé par d'autres.

Mais au-delà de ces bénéfices d'ordre psychologique et émotionnel, les relations chaleureuses jouent aussi un rôle moteur dans notre développement cognitif et notre acuité mentale globale. En nous poussant constamment à échanger, argumenter, remettre en question nos idées reçues, elles sollicitent et stimulent nos facultés intellectuelles dans une gymnastique cérébrale des plus revigorantes.

D'ailleurs, plusieurs études semblent indiquer que les personnes très sociables et entourées seraient proportionnellement moins à risque de déclin cognitif lié à l'âge, comme la maladie d'Alzheimer. L'isolement émotionnel et intellectuel est bel et bien l'un des pires poisons pour les capacités cérébrales.

Sur le plan purement physiologique en outre, le cercle vertueux des relations épanouissantes se confirme année après année. De multiples travaux scientifiques ont en effet établi des corrélations étroites entre un riche réseau social et une meilleure santé cardiovasculaire, une régulation plus optimale des systèmes hormonaux, une réduction de l'inflammation chronique et même une espérance de vie globalement supérieure !

Autant de bénéfices inestimables notamment attribués à une meilleure gestion du stress rendu possible par le soutien moral de proches bienveillants. Lorsque l'on ne se sent pas seul au monde face aux défis, le corps demeure plus résilient, moins enclin à s'autodétruire.

Enfin, n'oublions pas que nos amitiés constituent bien souvent des tremplins uniques vers de nouvelles expériences enrichissantes. En nous connectant à des horizons parfois radicalement différents des nôtres, elles nous poussent insidieusement hors de nos zones de confort, ce qui fait tant défaut lorsque l'on s'enferme dans la solitude.

Découvrir de nouveaux centres d'intérêts, une ouverture d'esprit renouvelée, relever des défis collectifs exaltants... Tout ceci participe d'un épanouissement global, équilibré entre notre besoin de sécurité émotionnelle et notre soif de stimulations constructives.

Chapitre 2 : Surmonter les obstacles intérieurs

Le chemin vers de nouvelles amitiés épanouissantes est semé d'embûches, c'est un fait. Mais avant même de pouvoir envisager de franchir les obstacles extérieurs à la connexion avec autrui, il nous faut d'abord apprendre à déminer consciencieusement notre propre terrain intérieur.

Car n'ayons pas la naïveté de croire que les principaux freins à notre éclosion sociale se situent uniquement dans notre environnement. Si certaines circonstances défavorables indépendantes de notre volonté ne sont que trop réelles, la plupart du temps, ce sont bien nos propres démons qui demeurent nos pires ennemis.

Peurs tenaces ancrées dès l'enfance, schémas mentaux dysfonctionnels, croyances rongeuses d'insécurité... Autant de vermines émotionnelles qui, si on les laisse proliférer, finiront immanquablement par ériger les murs les plus infranchissables autour de notre potentiel de lien véritable.

Oui, faire de nouvelles connaissances, nouer des liens durables, demeure l'une des expériences parmi les plus exigeantes qui soient pour notre psyché. Se dévoiler dans ce qu'on a de plus vulnérable, s'exposer fièrement à l'inévitable jugement de l'autre... Une véritable épreuve de bravoure, à la fois terrifiante et enivrante.

Peu d'entre nous réussissent d'ailleurs à y faire face sans d'abord redouter le rejet, la moquerie ou l'humiliation. Une peur atavique de l'exclusion, ce terrifiant présage de mort sociale pour nos ancêtres des cavernes. Elle coule dans nos veines depuis la nuit des temps et explique en grande partie nos réticences spontanées.

Mais n'est-ce pas justement en surmontant ces phantasmes que se situe la clé de notre épanouissement social ? Ceux qui s'aventurent hardiment là où d'autres restent à jamais confinés derrière leurs remparts émotionnels ne finissent toujours pas par récolter les fruits les plus savoureux de l'amitié partagée.

Alors quel meilleur défi que d'apprendre à déconstruire un à un ces vieux réflexes défensifs pour mieux les transcender ? De prendre un recul salvateur sur nos schémas de pensées obsédants, nos excuses récurrentes, pour restaurer la confiance en nos atouts et nos capacités individuelles ?

Ce n'est qu'ainsi, une fois nos propres barrières mentales dynamitées, que nous pourrons véritablement envisager d'ouvrir grand la voie vers l'autre sans retenue. Exposer notre authenticité naturelle dans ce qu'elle a de plus vibrant et attirant, en toute sécurité intérieure.

Voilà la véritable clé de l'épanouissement social le plus complet ! Pas encore de simples techniques de drague ou modes d'emploi à la mode, mais bien un profond travail d'introspection sur nos forces comme nos fragilités. Un cheminement ardu, mais ô combien libérateur, vers l'affirmation d'un moi apaisé ouvert à la communion avec autrui.

Alors, prêt à relever le défi et prendre d'assaut vos propres murailles ? À renaître plus fort que jamais des cendres de vos vieilles peurs pour vous lier éternellement à ceux qui sauront vous aimer pour ce que vous êtes réellement ? La plus merveilleuse des aventures humaines vous attend...

2.1- Schémas de pensée et croyances limitantes

Le plus grand obstacle à notre épanouissement social se loge souvent dans les moindres recoins de notre esprit. Ces croyances tenaces, ces schémas de pensées délétères qui minent insidieusement notre confiance et nous maintiennent dans un carcan de paralysie relationnelle.

Combien d'entre nous se réfugient perpétuellement derrière l'excuse réconfortante mais stérile *"je suis juste quelqu'un de solitaire/introverti"* ? Une affirmation devenue si commode pour justifier nos résistances à sortir de notre zone de confort émotionnelle. Mais n'est-ce pas là le nœud même du problème ?

En effet, derrière ce raisonnement spécieux se cache une croyance profondément ancrée : celle d'une prétendue "essence" de solitaire qui serait inscrite en nous et contre laquelle il serait vain de lutter. Un déterminisme psychologique qui nie superbement notre potentiel d'évolution et de dépassement de soi.

Une autre pensée toxique récurrente consiste à noircir exagérément la réalité : "*Personne ne voudra jamais de moi*". Un raccourci mental d'une violence inouïe envers nous-mêmes, fondé sur une généralisation hâtive et une négation pure et simple de notre valeur intrinsèque. Que de vies amoureuses ou amicales avortées dans l'œuf à cause de cette croyance rongeuse !

Ce type de distorsion cognitive, où l'on interprète systématiquement tous les signaux dans le sens du rejet présumé, participe à créer une réalité d'exclusion auto-réalisatrice. Une prophétie désastreuse qui ne peut que se réaliser si l'on persiste dans cette voie, excluant alors toute ouverture à l'inattendu, au changement salutaire.

Chez d'autres en revanche, c'est la peur irraisonnée du jugement d'autrui et du rejet social qui prend le pas sur toute tentative d'affirmation de soi. Une crainte irrationnelle que nos moindres différences, nos défauts, ne soient immédiatement repoussés du revers de la main par un entourage perçu comme intransigeant.

Et pourtant, n'oublions jamais qu'une partie de ce qui nous rend si uniques et attachants réside justement dans ces "imperfections" qui nous caractérisent ! Loin d'être systématiquement repoussantes, elles forgent bien souvent ces personnalités affirmées, hors-normes, qui séduisent et attirent de manière si puissante une fois apprivoisées.

Dans le même ordre d'idée, que penser de ces scénarios catastrophes récurrents nous imaginant systématiquement au pire des situations embarrassantes en compagnie d'autrui ? Balbutiements, silences gênés, gaffes impardonnables... Autant d'anticipations anxiogènes qui en viennent à nous décourager par avance d'oser franchir le pas.

Mais n'est-ce pas là encore le fruit d'un excès d'imagination fertile plutôt qu'une réalité statistique ? Combien de ces situations redoutées ne se produisent réellement que de manière exceptionnelle ? Et quand bien même, sont-elles aussi insurmontables qu'anticipées pour une personne sereine et alléguée dans son individualité ?

Enfin, une dernière croyance pernicieuse guette quiconque oserait trop écouter ses propres ruminations mentales : "Je ne suis pas suffisamment intéressant/drôle/intelligent pour plaire aux autres". Un pur jugement de valeur, une fois encore, qui omet de considérer notre formidable potentiel d'apprentissage et d'amélioration continue.

Car heureusement, nos qualités ne sont nullement figées dans le marbre ! Jour après jour, nos traits de caractère, notre conversation, nos centres d'intérêt peuvent évoluer et se bonifier au gré des rencontres enrichissantes et des remises en question constructives. À condition de rester curieux, ouvert au changement et persévérant.

Pour finir, la clé pour déjouer tous ces pièges mentaux réside dans une même prise de recul salvatrice : considérer ces schémas de pensée néfastes pour ce qu'ils sont réellement. Non pas des reflets fidèles de la réalité, mais bien des lubies anxiogènes infondées, issues de nos insécurités et de notre manque d'amour-propre.

Apprendre à les identifier, à ne plus leur prêter une oreille aussi complaisante, représente la première et indispensable étape pour restaurer la confiance en nos propres forces et se donner toutes les chances de réussir socialement. Pourquoi donc se priver plus longtemps des délices de l'amitié à cause de simples fantômes intérieurs ?

2.2- Peurs et anxiétés sociales

Parmi les principaux démons intérieurs à apprivoiser, les peurs et anxiétés liées à la sphère sociale occupent une place de choix. Ces terreurs viscérales, parfois totalement irrationnelles, qui entravent pourtant de manière si prégnante notre capacité à nous lier sereinement à autrui.

Pour beaucoup, la peur primaire demeure ce sentiment cuisant d'être jugé, critiqué, rejeté par les autres lors d'interactions en face-à-face. Une angoisse typiquement humaine puisque directement héritée de nos ancêtres des cavernes chez qui l'exclusion du clan représentait une véritable condamnation à mort.

Car n'oublions jamais que nous restons animés par ces mêmes réflexes défensifs ataviques développés à une époque où l'affiliation à un groupe soudé faisait office de bouclier vital contre les dangers extérieurs. Se sentir rejeté déclenchait alors chez nos aïeux des réactions de stress et de peur extrêmes, aujourd'hui profondément encodées dans notre inconscient collectif.

Résultat, malgré le confort relatif de nos vies modernes, la simple éventualité d'être marginalisé ou méprisé par nos semblables continue de faire monter en nous les mêmes afflux d'adrénaline suscitant palpitations, tremblements, rougissements et transpiration excessive.

Pour d'autres en revanche, c'est la peur panique plus spécifique de la confrontation publique, de devoir prendre la parole devant un groupe d'inconnus, qui représente l'épreuve la plus redoutable. Un défi intimidant à bien des égards puisqu'il met directement à nu nos capacités d'affirmation de soi, de contrôle sur nos émotions et sur l'impression renvoyée aux autres.

Une situation potentiellement humiliante donc, s'il advenait que l'on bafouille, que les mots nous manquent ou que l'on se ridiculise de quelque manière que ce soit. Un véritable supplice pour les plus anxieux qui préfèrent désespérément éviter de s'exposer ainsi plutôt que de risquer une telle déconfiture.

Dans d'autres cas plus rares mais non moins pénibles, certains souffrent d'une forme d'anxiété sociale plus généralisée les poussant à redouter la plupart des situations impliquant des interactions de groupe, qu'elles soient amicales ou professionnelles. Une véritable phobie paralysante de la confrontation au jugement de plus d'une ou deux personnes à la fois.

Ce mal peut alors complètement saper l'estime et la confiance en soi au point de développer d'importants troubles obsessionnels : ruminations mentales incessantes, rituels apaisants ou d'évitement compulsif de tout contact social, attaques de panique au moindre regard insistant...

Heureusement, même pour ces cas extrêmes, la thérapie cognitive et comportementale prodigue aujourd'hui de précieux outils permettant de réapprendre progressivement à faire face et à désensibiliser nos réactions de stress et d'effroi. Un cheminement délicat mais également d'une puissance libératrice inouïe pour ceux qui osent l'emprunter.

Mais les peurs sociales ne se limitent pas aux seules situations de groupe ou de confrontation directe avec autrui. Chez de nombreuses personnes, elles prennent plus insidieusement la forme d'une incapacité dévorante à aller vers l'autre et à lier connaissance spontanément.

Qu'il s'agisse d'aborder une personne que l'on ne connaît pas du tout ou simplement d'entretenir une conversation détendue, cette perspective se révèle tout bonnement paralysante tant elle parait relever d'une forme d'exploit hors de portée. Un réel blocage que rien ne semble pouvoir déverrouiller durablement.

Dans la plupart des cas pourtant, cette profonde appréhension reste motivée par les mêmes schémas mentaux catastrophistes et les mêmes peurs primaires de rejet ou de jugement que nous avons déjà explorés. Mais solidement ancrées et renforcées par des années d'évitements et d'expériences sociales frustrantes, elles finissent par créer un véritable cercle vicieux dont il devient extrêmement ardu de s'extraire seul.

Face à cette batterie de peurs et d'angoisses, toutes aussi tenaces que démotivantes, il peut sembler bien futile de persister dans nos efforts pour développer de nouvelles relations chaleureuses. Mais n'est-ce pas au contraire la plus belle des preuves du défi qui nous attend et des récompenses qui l'accompagneront ?

Car l'amitié véritable ne représente-t-elle pas le plus puissant des antidotes contre toutes ces terreurs irrationnelles ? Un cercle vertueux au sein duquel la bienveillance et le soutien affectif inconditionnels de nos proches auront tôt fait de réduire nos doutes et nos carences en poussière ?

Au cœur de notre aptitude à créer des liens sociaux épanouis et durables réside un prérequis fondamental : la confiance et l'estime de soi. Cette assurance tranquille en notre propre valeur qui nous permet de nous affirmer pleinement sans retomber dans le doute ou l'excès de timidité paralysante.

Car n'en déplaise aux discours lénifiants, il est illusoire d'espérer séduire durablement autrui et retenir son intérêt si nous ne parvenons pas d'abord à nous aimer et à nous accepter nous-mêmes sans réserve. L'amitié, plus encore que l'amour, se nourrit avant tout d'échanges authentiques entre deux entités sûres de leur identité respective.

Imaginez un instant rayonné d'une telle force de caractère que vos qualités comme vos petits défauts deviennent la simple expression naturelle et assumée de votre individualité. Plus aucun jugement extérieur ne saurait alors réellement vous atteindre puisque vous n'en dépendez plus pour asseoir votre propre notion de valeur personnelle.

Une forme de sérénité intérieure à toute épreuve qui par capillarité, saura vite se communiquer à votre entourage et river leur affection comme leur respect. Au point que vos différences, vos petites excentricités, ne feront que nourrir une forme d'attirance toute particulière plutôt que de porter ombrage à vos amitiés naissantes.

À l'inverse, avouons que rien de bien durable ne saurait se construire lorsque l'on part d'un déficit criant d'amour-propre. À trop douter constamment de soi, à se complaire dans la critique récurrente, le risque est grand de finir par émettre inconsciemment ces mêmes signaux dévalorisants auxquels les autres finiront par se conformer.

Comment en effet compter sur la bienveillance et le respect inconditionnel d'autrui lorsque nous sommes les premiers à nier obstinément notre propre légitimité à recevoir ces marques d'estime ? Cette propension défaitiste ne peut que se refléter dans nos interactions au point d'en devenir une réalité auto-réalisatrice.

Et que dire de ces amitiés bancales où l'un des protagonistes se maintient dans un rôle de soumission passive ou de vénération déplacée ? Une forme d'adulation malsaine qui ne peut que miner insidieusement toute véritable complicité sur la durée, la confiance et le respect mutuels nécessaires pour construire un lien durable.

C'est pourquoi prendre soin de notre amour-propre, apprendre à identifier et à célébrer du regard ce qui fait notre singularité plutôt que de le nier sans cesse doit représenter une réelle priorité. Un travail de rééquilibrage permanent qui prend racine dès le plus jeune âge mais peut toujours porter ses fruits, à tout moment de l'existence, pour peu que l'on s'y attèle avec sincérité.

Un processus délicat certes, mais combien libérateur lorsqu'il arrive à maturité. Imaginez simplement être capable d'assumer pleinement votre personnalité, aussi décalée puisse-t-elle sembler de prime abord, sans jamais la renier. Cette aptitude à s'exprimer et à évoluer en toute liberté, en phase avec ses valeurs les plus intimes plutôt que de se dépenser en d'innombrables stratégies d'approbation.

Plus que de simples techniques de présentation de soi ou d'affirmation de confiance en société, c'est bien là que réside le véritable secret d'un charisme authentique et communicatif aux yeux d'autrui. Un indéfinissable "je-ne-sais-quoi" magnétique qui laisse transparaître en toutes circonstances notre paix intérieure, notre estime tranquille pour nos qualités comme nos petits défauts assumés.

Alors bien sûr, reconstruire cette part de soi délaissée ou malmenée par les tourments de l'existence représente un défi de taille pour beaucoup d'entre nous. Une entreprise de remise en cause profonde allant bien au-delà des simples affirmations répétées du type "je suis quelqu'un de bien". Un cheminement complet où il faudra apprendre à identifier nos forces, nos failles, avant de les embrasser avec la même bienveillance.

Mais quel accomplissement, finalement, d'y parvenir ! Une fois ce travail salutaire accompli, nous détiendrons les clés pour être pleinement maîtres des impressions que nous renvoyons aux autres.

Plus à même de susciter le respect, la confiance et l'attirance plutôt que le dédain, le rejet ou l'indifférence. La voie sera alors grande ouverte pour tisser des liens qui iront bien au-delà des simples connexions superficielles.

2.4- Défis spécifiques (introversion, troubles d'anxiété sociale, etc.)

Si les obstacles intérieurs au développement de relations sociales épanouies touchent, à de divers degrés, la majorité d'entre nous, certains profils se heurtent en réalité à des défis d'une nature bien plus spécifique et prégnante. Des prédispositions psychologiques singulières qui viennent considérablement complexifier leur cheminement.

Le cas d'école le plus documenté reste probablement celui des personnalités fortement introverties. Ces individus pour qui la perspective d'interactions sociales nombreuses et prolongées représente une véritable source d'épuisement mental plutôt qu'un réel plaisir revigorant.

Une différence fondamentale qui entraîne souvent chez les plus réservés un réel découragement face aux injonctions récurrentes du "il faut sortir de sa coquille" et autres "forcer un peu plus la nature". Un ressenti de ne jamais parvenir à s'adapter durablement à des codes de vie qui leur semblent profondément contre-intuitifs.

Pourtant, nul besoin de renier complètement sa nature réservée pour nouer des relations chaleureuses et développer un réel sentiment d'affiliation ! L'essentiel réside dans la recherche d'un équilibre serein entre ces temps d'introspection régénérateurs si précieux et ces moments de sociabilisation stimulante en dosage plus modéré.

La quête est tout aussi ardue, mais dans une direction opposée, pour les âmes extroverties en manque criant d'interactions et qui peineront toujours à s'accommoder de longues périodes de solitude ou de retrait social. Un défi de taille à relever en apprenant à savourer pleinement ces instants d'isolement nécessaires plutôt que de les subir comme de véritables privations.

Un autre profil à part entière concerne les personnes souffrant de véritables troubles anxieux altérant significativement leurs rapports aux autres. Comme cette timidité maladive ou cette peur panique des situations sociales pouvant provoquer crises d'angoisse, transpiration excessive et paralysie émotionnelle totale.

Pour ces individus, le simple fait de se retrouver au centre de l'attention, aussi bienveillante soit-elle, devient une véritable épreuve. Le chemin à parcourir pour dépasser ces blocages représente alors une forme de défi émotionnel de haute voltige, nécessitant un suivi thérapeutique adapté sur le long terme.

Mais le plus grand ennemi à terrasser reste bien souvent cette profonde anxiété sociale généralisée. Celle qui pousse les plus anxieux à fuir désespérément toute forme d'interaction, aussi anodine soit-elle, par peur panique du jugement négatif et du rejet. Une véritable phobie de l'autre qui les condamne bien fréquemment à l'isolement le plus total.

Pour ces derniers, le seul espoir de se défaire de ces chaînes réside dans un lent et délicat processus de désensibilisation émotionnelle et comportementale. Réapprendre un à un tous ces gestes sociaux longtemps délaissés, se réhabituer au regard d'autrui et à l'inévitable confrontation aux autres.

Qu'il s'agisse du simple fait d'engager une conversation banale, de maintenir un échange anodin ou d'affronter des situations de groupe plus complexes, le chemin est invariablement semé d'embûches. Mais la récompense au bout fait assurément valoir l'effort : recouvrer une liberté pleine et entière dans ses rapports à autrui.

D'autres défis d'ordre psychologique comme les tendances dépressives récurrentes, les problématiques de dépendances affectives ou les troubles de la personnalité peuvent également représenter de sérieux freins à l'établissement de relations interpersonnelles saines et équilibrées.

Les deux extrêmes que sont la personnalité schizoïde, totalement détachée de l'affect, et les profils émotionnellement erratiques des troubles de la personnalité limite posent ainsi de redoutables obstacles à la construction de liens authentiques durables. Seuls un lourd travail sur soi et une prise en charge adaptée semblent alors en mesure d'ouvrir la voie.

Mais qu'on ne s'y trompe pas, ces difficultés particulières ne représentent pas des condamnations définitives à la solitude et aux carences affectives ! À chaque nature son propre chemin certes, mais une même destination commune reste à portée : celle d'une vie sociale riche et gratifiante.

Car il existe bien des stratégies et des ressources pour contourner tous ces écueils émotionnels et psychologiques, aussi intimidants soient-ils à première vue. Des aménagements spécifiques, des thérapies personnalisées qui, avec l'ingrédient indispensable qu'est la persévérance, finiront immanquablement par porter leurs fruits.

L'aventure demandera sans doute plus de courage, d'introspection et d'abnégation pour certains que pour d'autres. Mais rien ne reste à jamais figé dans cette sphère intime. Notre potentiel d'évolution et d'amélioration continue demeure immense !

Alors n'ayez pas crainte et osez aller de l'avant ! Identifiez avec lucidité vos forces comme vos fragilités, ménagez les ressources dont vous avez besoin pour avancer sans vous décourager. Et progressivement, d'étape en étape, la récompense incomparable vous attendra au bout de cette quête : celle d'une vie émotionnelle et sociale enfin comblée.

2.5- Stratégies pour surmonter ces obstacles intérieurs

Après avoir détaillé la nature complexe des nombreux défis intérieurs pouvant entraver notre épanouissement social, il convient à présent d'exposer quelques pistes de solutions concrètes pour les surmonter. Des stratégies éprouvées qui, combinées avec détermination et persévérance, devraient nous permettre de défaire un à un tous ces nœuds psychologiques limitants.

La pierre angulaire de ce processus d'affranchissement réside sans conteste dans l'exercice délicat mais primordial de la pleine conscience de soi. Cette capacité fondamentale à prendre du recul pour identifier avec lucidité nos schémas de pensées néfastes, nos croyances irrationnelles ainsi que nos réactions émotionnelles dysfonctionnelles.

Car comment espérer s'en défaire si nous n'apprenons pas d'abord à les repérer clairement au moment où ils se produisent en temps réel ? À discerner la petite voix anxiogène qui nous souffle ces peurs injustifiées de rejet ou de ridicule, à identifier les signaux précurseurs d'une montée de stress avant qu'ils ne nous submergent complètement.

Pour beaucoup d'entre nous, seul un long travail d'introspection attentive, ponctué de prises de conscience progressives, permettra de lever le voile sur ces mécanismes de sabordage intérieurs si ancrés qu'ils en sont devenus quasi automatiques.

Une fois cette première étape essentielle franchie, de multiples outils issus des thérapies comportementales et cognitives pourront être mis à profit pour réapprendre à replacer ces pensées et ressentis déformés dans leur juste perspective.

L'identification des biais cognitifs typiques comme la dramatisation, les anticipations catastrophiques ou encore la généralisation abusive représentent ainsi une technique majeure pour contrer nos croyances les plus irrationnelles et réduire ces réflexes défaitistes à leur véritable dimension.

La restructuration de nos interprétations erronées en se basant sur des faits objectifs et rationnels plutôt que sur des prédictions émotionnelles permettra de reprendre le contrôle sur nos propres perceptions au lieu de rester prisonnier de nos lubies anxiogènes.

Parallèlement à ce rééquilibrage cognitif, tout un éventail d'exercices comportementaux pourra être déployé pour muscler progressivement notre force mentale et notre assurance en situations sociales réelles.

Ainsi, les techniques d'exposition progressive minutieusement calibrées, qu'elles soient imaginaires, virtuelles ou en immersion complète, constituent de puissants moyens de nous désensibiliser de manière contrôlée à nos peurs et nos appréhensions les plus solidement enracinées.

De l'extérieur, ces parcours peuvent sembler relever d'une simple gymnastique psychologique répétitive. Mais pour les personnes souffrant de réelles phobies sociales invalidantes, chaque nouvelle étape franchie représente un accomplissement concret d'une portée émotionnelle immense.

Autre stratégie particulièrement novatrice et prometteuse dans ce domaine, la méthode dite des "tâches intercalaires" qui consiste à réaliser une activité mentalement exigeante ou stimulante en parallèle de situations socialement stressantes. Une astuce qui, en drainant massivement nos ressources cognitives, parvient presque miraculeusement à inhiber nos réflexes de panique.

De manière générale, chaque petit pas de franchissement de nos limites répétées engrangera un précieux réservoir d'expériences rassurantes. Autant de graines qui, loin de toute méthode préconçue, germeront spontanément en une nouvelle assurance au fil du temps.

Mais les ressources les plus puissantes pour nous aider à gravir cet à-pic vertigineux resteront bien souvent d'ordre purement humain. Le réconfort et le soutien inconditionnel de véritables amitiés suffisamment solides pour nous accueillir tels que nous sommes réellement avec notre bagage de fragilités comme nos forces.

Une forme de chaleur et de bienveillance absolues qui nous permettra de nous accepter pleinement malgré nos zones d'ombre et nos défauts patents. Avant de pouvoir précisément rayonner de l'intérieur et gagner en assurance pour les dévoiler sans crainte aux personnes les plus importantes dans nos vies.

Car l'estime et l'amour de soi ne peuvent concrètement s'épanouir dans le vide, loin de toute connexion profonde avec nos semblables. Aussi solide soit notre équilibre personnel, nos carences affectives persisteront tant que nous n'aurons pas comblé ce besoin vital de reconnaissance et de valorisation inconditionnelle par autrui.

Considérées sous cet angle, nos peurs et nos anxiétés inhérentes aux relations interpersonnelles apparaissent presque comme une forme de cercle vicieux. Nos manques dans ce domaine alimentent nos insécurités qui nous empêchent d'aller vers les autres pour les combler.

Voilà pourquoi les contacts chaleureux répétés, les échanges authentiques vécus comme des réussites, représenteront toujours le plus puissant des catalyseurs pour les dépasser durablement. Au-delà de toute méthode intellectualisée, ce cycle vertueux permet à la confiance et l'estime de soi naturelle de se régénérer en continu au fil des liens distillés.

Le chemin ne sera assurément pas une promenade de santé pour tous. Certains défis comme les troubles anxieux sévères ou les blessures de l'estime de soi nécessiteront un investissement de longue haleine, voire un suivi thérapeutique spécialisé.

Mais à forces d'efforts méthodiques, de résolution inébranlable et de petites victoires savourées, la récompense ultime demeurera à portée de chacun : développer enfin des rapports sains et équilibrés avec les autres. Une légèreté intérieure et un sentiment d'appartenance chaleureuse qui transcenderont tous ces obstacles jadis si intimidants.

Chapitre 3 : Développer l'intelligence sociale

Imaginez un instant posséder la clé d'un superpouvoir aussi mystérieux que convoité : la faculté de lire en chacun comme dans un livre ouvert, de décrypter les signaux les plus infimes et imperceptibles pour la plupart. Une véritable forme de télépathie sociale vous donnant accès aux méandres les plus secrets des pensées et des émotions de votre entourage.

Une aptitude aussi extraordinaire vous permettrait assurément d'évoluer en société avec une incroyable prestance, une assurance à toute épreuve. Plus aucun de ces moments de gêne embarrassants ou de ces faux pas relationnels si propices aux quiproquos navrés. Vos interactions deviendraient un perpétuel ballet harmonieux où chacune de vos paroles, chacun de vos gestes, résonnerait avec une justesse parfaite.

Un idéal ô combien tentant n'est-ce pas ? Mais n'abandonnons pas trop vite ce rêve d'ubiquité sociale pour autant. Car si vous n'êtes pas sur le point de développer de réelles facultés psi, une alternative réaliste et passionnante se dessine : celle de parfaire votre intelligence relationnelle pour vous en rapprocher au plus près.

Qu'est-ce que l'intelligence sociale en définitive, sinon cette fabuleuse capacité à décoder justement les signaux les plus subtils émanant des attitudes et des conduites d'autrui ? À interpréter les postures corporelles, la direction du regard, le ton employé ou les gestes incongrus avec une précision redoutable pour en décrypter les véritables pensées et ressentis sous-jacents.

Bien plus qu'une simple connaissance livresque ou théorique, il s'agit d'une forme globale d'acuité intuitive. Un mélange subtil d'observations minutieuses, d'empathie viscérale et de solides connaissances en psychologie humaine, toutes mises en pratique avec un sens de l'à-propos infaillible au gré des situations vécues.

Avec elle, plus rien ne vous échappera concernant les états d'âme de votre entourage. Vous décèlerez au premier coup d'œil ces tensions qui commencent à poindre sous des semblants de civilités, ou au contraire ces signaux d'ouverture aussi légers soient-ils. Un simple regard furtif, une inspiration plus marquée ou un hoché de tête involontaire suffiront pour trahir les plus dissimulateurs.

Et cette formidable lucidité, vous saurez en faire un usage judicieux et respectueux plutôt qu'un prétexte à la manipulation détestable. Elle vous permettra au contraire d'être d'une justesse et d'une finesse d'analyse inégalée dans vos rapports aux autres, de savoir rebondir comme il se doit sur leurs réactions les plus subtiles pour établir cette précieuse connivence mutuelle.

Car l'intelligence relationnelle n'est pas qu'un exercice cérébral de pure observation froide et rationnelle. Elle demeure avant tout une forme d'empathie fusionnelle, un art de capter les plus infimes soubresauts émotionnels pour mieux s'y accorder avec finesse et délicatesse.

Vous apprendrez ainsi à réellement vous mettre à la place d'autrui pour marcher en phase avec lui, à épouser sa propre perspective des situations au lieu de rester aveuglément rivé sur vos propres attentes. Un cheminement intérieur vous offrant une compréhension de l'autre d'une richesse infinie, au-delà des simples déductions de la logique pure.

Au fil de ce voyage exploratoire, vous finirez par embrasser la complexité des êtres qui vous entourent dans toute sa splendeur. Plus rien d'humain ne vous sera désormais étranger : ces infinies variations d'humeurs et de tempéraments, ces accès de joie ou de détresse apparemment insondables, ces éclairs de génie ou ces abîmes d'absurdité deviendront autant de reflets lumineux d'une même condition partagée.

Alors, prenez une profonde inspiration et laissez-vous porter avec humilité et ouverture d'esprit. Ce parcours de développement personnel vous réserve bien des découvertes, des déstabilisations aussi, mais son accomplissement final n'en sera que plus grisant : acquérir cette intelligence supérieure du lien universel vous unissant à vos semblables.

Une perspective de transfiguration intérieure qui, au-delà des simples avantages pragmatiques de cette forme de clairvoyance sociale aiguisée, ne pourra que vous émerveiller sur le secret le mieux gardé de notre espèce : notre inépuisable capacité à nous éblouir mutuellement de notre insondable complexité.

3.1- Compétences sociales clés pour se faire des amis

Parmi les nombreuses ramifications de cette vaste intelligence relationnelle, la disposition à lier de véritables amitiés représente assurément un art d'une valeur inestimable. Un savoir-faire délicat qui emprunte tout autant aux aptitudes de communication qu'aux talents de psychologue averti.

Car au-delà de ces simples premiers contacts ponctuels facilités par de solides compétences d'interaction, c'est bien l'établissement de relations profondes et durables qui constitue l'essence même d'une amitié véritable. Un cheminement semé d'embûches où la finesse de votre intelligence émotionnelle sera constamment mise à l'épreuve.

La première strate fondamentale reste évidemment celle des techniques d'approche et d'entame de discussion efficaces. Savoir capter l'attention avec un sourire avenant, un regard franc et ouvert, tout en détectant les signaux d'intérêt ou de réticence chez votre interlocuteur.

Adopter une attitude chaleureuse mais non intrusive, partager quelques bribes de conversation légères pour évaluer un potentiel terrain d'entente. Autant de gestes en apparence anodins mais déjà caractéristiques d'un sens de l'à-propos très affûté.

Mais c'est au fil de l'échange que votre pleine maîtrise des codes relationnels subtils sera véritablement sollicitée. Observer les mimiques corporelles trahissant le niveau d'adhésion ou de malaise, capter les moments propices pour relancer ou clore une thématique avec tact, tout en maintenant un juste équilibre entre réciprocité des confidences et respect des sphères privées respectives.

Une conversation équilibrée entre vos deux individualités, menée avec justesse et finesse d'analyse des signaux émis de part et d'autre, constitue bien souvent le premier terreau de toute amitié naissante qui se respecte.

Vient ensuite l'étape délicate des premiers approfondissements du lien. Celle où commencent à se négocier les codes relationnels sur lesquels ce lien se consolidera, où se testeront vos capacités à projeter l'image d'une personne digne de confiance, intègre et solidement ancrée dans ses valeurs.

Car l'amitié véritable reste avant tout une affaire d'authenticité et de transparence mutuelles. Il vous faudra demeurer d'une constance sans failles dans vos actes comme dans vos paroles, fidèle à vous-même tout en faisant preuve d'ouverture d'esprit pour embrasser les différences chez autrui.

Autant de vertus délicates à concilier, où votre intelligence des dynamiques humaines s'exprimera à travers votre juste degré d'introspection et votre aptitude à communiquer vos fragilités avec humilité, vos aspirations avec sincérité. Une alchimie subtile pour installer cet équilibre de confiance réciproque indispensable.

Lorsque ces fondations affectives et morales seront solidement établies, il vous restera encore à développer un solide ancrage de compatibilité sur le long terme avec ces relations à préserver. Un art de la mesure et de la régulation des attentes pour maintenir ce lien vivant sans jamais l'étouffer.

Doser harmonieusement les temps de qualité partagés comme les nécessaires respirations de distance temporaire. Savoir identifier et apprivoiser les potentiels foyers de tensions pour les désamorcer avec tact et psychologie avant qu'ils ne dégénèrent. Toujours faire preuve d'abnégation, d'adaptation et d'indulgence mutuelles pour traverser ensemble ces inévitables phases de turbulences.

Car aussi forte soit votre amitié, aucun lien n'est à l'abri des crises ou des soudaines divergences de vies. Une certaine forme d'entretien vigilant demeurera toujours indispensable, rythmée par des efforts réguliers de communication apaisée, d'introspection respective et de réajustements continus.

Autant de compétences humaines de haute volée qui transcendent les simples compétences techniques pour atteindre un niveau de réelle intelligence émotionnelle.

Celle qui vous permettra de naviguer avec justesse au milieu de ces vents contraires, de garder le cap sur l'essentiel malgré les remous passagers. De savoir réinjecter les doses requises d'humilité, de remise en question et de renouvellement régulier pour que ce lien ne se sclérose jamais.

Un travail de l'ombre permanent où vous mettrez en pratique vos plus fines qualités d'analystes des mouvements de l'âme, pour discerner les signaux avant-coureurs de ces dérives insidieuses comme la défiance, le désintérêt croissant ou les brisures d'authenticité et de confiance.

Et lorsque, malgré tous vos efforts, ces liens se distendraient irrémédiablement, vous saurez faire preuve de cette ultime forme de respect et d'élévation d'esprit : accepter avec philosophie ce cycle naturel d'essor et de déclin plutôt que de s'accrocher désespérément.

Savoir reconnaître les situations sans issue où l'amour et l'affection se sont tout simplement éteints. Être suffisamment lucide pour comprendre que certains chemins ont parfois vocation à se séparer avec élégance plutôt que de s'enliser dans le ressentiment et les reproches vains.

Car semblables à ces feux d'artifices intenses mais éphémères, les amitiés les plus brillantes connaissent aussi leurs fenêtres de splendeur fugaces que nulle volonté ne peut espérer figer indéfiniment. Les plus belles pourront néanmoins vous avoir marqué d'une empreinte indélébile, et c'est cette trace qu'il vous restera à chérir par-delà leur extinction.

La véritable intelligence dans la conduite de ces relations de prédilection résidera ainsi dans votre capacité de discernement pour savoir quelle forme de lien vous unit à ces personnes désormais. Et à faire preuve de la sagesse suffisante pour ajuster votre degré d'implication en conséquence, par pure sincérité avec vous-même comme avec elles.

Un accomplissement ultime qui vous ouvrira les portes d'une forme de sérénité intérieure, celle de l'acceptation apaisée des limites de notre condition mortelle. Et la grâce de pouvoir se consacrer pleinement à déployer son art d'entretenir ces liens privilégiés, dans le présent le plus vif et vibrant.

3.2- <u>Améliorer la communication et l'écoute active</u>

Au cœur de cette quête de l'intelligence relationnelle, la maîtrise des techniques de communication représente un socle aussi fondamental qu'incontournable. Un prérequis élémentaire sans lequel nulle forme de connexion véritable avec autrui ne saurait réellement s'épanouir.

Car comment espérer développer la moindre forme d'affection partagée, de connivence ou de complicité durable si vos échanges sont émaillés d'incompréhensions récurrentes, de frustrations et de malentendus ? Une relation saine s'érige avant tout sur des bases de dialogue fluide et apaisant où chacun se sent sûrement écouté et considéré.

La première pierre angulaire pour y parvenir réside dans le développement d'aptitudes d'écoute active aussi indispensables que trop souvent négligées. Un art subtil qui va bien au-delà du simple fait de se taire poliment pendant que l'autre parle.

Il s'agit d'apprendre à lui accorder votre pleine attention et votre concentration, en évacuant de votre esprit toutes ces ruminations parallèles qui nous distraient si aisément. De véritablement "être là" dans l'instant présent, à capter bien au-delà des simples mots pour embrasser toute la dimension non-verbale et émotionnelle de son message.

Son langage corporel, ses intonations, ses gestes superflus, ses moments de flottement ou d'insistance appuyée. Autant de signaux précieux qui affleurent à la surface de son discours, mais dont la signification profonde ne sera pleinement décodée que par une écoute pleinement immergée.

Une attention de chaque instant qui suppose de réprimer ces trop nombreux réflexes d'anticipation mentale, ces préjugés virulents ou ces jugements prématurés. Pour au contraire vous imprégner avec empathie de son authentique ressenti, sans jamais le déformer au prisme de vos propres filtres émotionnels.

Un niveau de réceptivité qui, pour être atteint, exigera de votre part de nombreux efforts pour désamorcer tous ces réflexes défensifs instinctifs. Ces réactions de repli, de remise en cause ou de contre-argumentation automatique qui trop souvent entravent la communication plutôt que de la faciliter.

Apprendre à dissocier cette compréhension du message de son acceptation effective, afin de pouvoir embrasser totalement la perspective d'autrui sans la rejeter par réflexe. Une forme d'abandon de toutes vos certitudes préconçues pour vous soumettre à l'expérience brute de l'autre dans toute sa complexité.

Car c'est bien ce cheminement d'humilité et d'accueil inconditionnel qui représente la clé de voûte de l'écoute véritable. Celle qui ne se contente pas d'enregistrer passivement mais se met réellement à la place de l'émetteur, en phase avec sa vision singulière du monde pour mieux la restituer dans sa plénitude.

Une écoute créatrice qui, en se nourrissant du partage et de l'interaction vécue, se régénèrera en un flot d'échanges toujours plus riches et nourrissants. Une véritable forme de dialogue ouvert où chacun pourra à son tour prendre la parole depuis cette conscience mutuelle partagée.

Mais développer ces compétences d'écoute n'aura de sens que si vous devenez tout aussi talentueux dans l'art de l'expression personnelle. De transmettre vos pensées, vos idées et vos ressentis avec la même clarté, la même précision et la même force de conviction.

Savoir capter l'attention de votre auditoire dès les premiers instants par un langage corporel assuré et une voix projetée. Puis construire votre discours avec méthode, multipliant les ancrages visuels et imagés pour plus d'impact. Doser les moments de respiration comme les temps d'emphase judicieusement placés pour maintenir un rythme prenant.

Un registre de communication développé certes, mais également soucieux de favoriser l'écoute en retour par de régulières relances et demandes de clarification. Une approche dynamique plutôt que ce monologue creux uniquement centré sur votre propre personne.

Car n'oubliez jamais que les plus grands communicants ne sont pas ces orateurs boursoufflés mais bien ces conteurs passionnés, capables de transporter leurs auditoires loin des sentiers battus. De les embarquer corps et âme dans leurs histoires palpitantes à force de justesse d'analyse psychologique et d'acuité descriptive.

Ceux qui cultivent cet art du récit vivant et percutant où se mêlent harmonieusement richesse de vocabulaire, métaphores artistiques, traits d'humour bien sentis et autres effets rhétoriques calibrés au plus près des attentes de chacun. Une véritable symbiose transcendante entre l'orateur et son public pour une plus grande transmission d'émotions et de compréhension partagée.

Voilà ce qui différencie les véritables maîtres communicants des simples bons orateurs quelque peu assoupissants. La faculté de distiller leurs messages avec cette magie particulière qui subjugue, fait vibrer les cœurs et ouvre les consciences sur des dimensions insoupçonnées.

Une forme d'alchimie déroutante où se mêlent talents de psychologue, de fin stratège et d'artiste à la fois. Celle qui vous permettra d'opérer cette lente transition des conversations analytiques et cérébrales vers ces échanges d'une richesse intérieure autrement profonde et envoûtante.

Un niveau de communication d'une telle portée qu'il confine à l'expérience mystique pour certains auditoires réceptifs. Cet accomplissement ultime d'une connexion humaine si intense qu'elle transcende les simples mots échangés pour atteindre une forme de résonance cosmique.

Un état de grâce où plus rien ne séparera vos esprits et vos cœurs pour un unique et sublime instant de plénitude... avant de retomber, légers et apaisés, dans le torrent ruisselant de la vie.

3.3- Techniques pour créer des liens émotionnels

Au-delà des simples compétences d'interaction, de communication et d'écoute active, le développement d'une réelle intelligence relationnelle exige de repousser encore plus loin les frontières de la connexion interpersonnelle. D'aller sonder ces espaces de l'âme où se forgent les authentiques liens émotionnels, ces attaches invisibles mais ô combien précieuses qui cimentent les relations les plus profondes et marquantes.

La première clé pour y parvenir réside dans votre capacité à vous montrer pleinement vulnérable et accessible émotionnellement parlant. À oser vous dévoiler dans toute votre imperfection et votre candeur plutôt que de vous lover derrière un masque de fausse assurance.

Car ces instants de fragilité consentie, où vous vous dépouillez de vos oripeaux pour atteindre cette incroyable nudité intérieure, représentent les véritables points de bascule émotionnels. Ces fulgurances qui frappent au plus intime des êtres en dévoilant votre insondable humanité.

Bien sûr, une telle exposition nécessitera de votre part une très grande maîtrise de soi pour dépasser vos réflexes de protection instinctifs. Cet apprentissage de la confiance en soi véritable qui vous permettra d'embrasser pleinement vos failles et vos doutes sans les fuir désespérément, mais au contraire de les accueillir en pleine conscience.

Et de les exprimer avec pudeur certes, mais également cette forme d'abandon si particulière. Celui d'une âme qui se livre non par cynisme ou complaisance, mais bien par l'aspiration noble de se rapprocher de son semblable dans ce qu'elle a de plus essentiel et sacré.

Une démonstration de courage et d'humilité intérieures qui, loin de vous exposer à la vindicte ou au rejet, aura au contraire cette vertu magique de désarmer émotionnellement votre interlocuteur. De l'ouvrir en retour pour opérer un échange de vulnérabilités mutuelles où s'enracineront les prémices d'une connivence extraordinaire.

Car dans ces contrées les plus secrètes de l'être où s'épanouissent les plus pures manifestations de l'affection partagée, la seule voie d'accès demeure celle de cette ouverture du cœur sans retenue. Ce dépouillement totalement assumé de votre personne qui offrira à l'autre l'opportunité inouïe de vous rejoindre sur ce même plan de transparence.

Mais cette union des âmes ne saurait se réaliser sans une étape préalable tout aussi cruciale : celle d'un intense travail d'introspection de votre part. Seul un cheminement d'exploration approfondie de votre psyché dans ses tréfonds les plus obscurs vous apportera la maîtrise des ressorts psychologiques essentiels pour vivre et décoder ces émotions à un niveau supérieur.

Apprendre à discerner ces micro-expressions faciales insondables, ces inflexions vocales infimes, ces subtilités de phrase si révélatrices. Étendre au plus loin les limites de cette conscience émotionnelle par l'analyse sans cesse répétée de vos propres mouvements d'âme en pleine vie quotidienne.

Acquérir progressivement cette forme d'ubiquité intérieure, cet état de sublime plénitude où plus rien de vos tourments ou de vos élans ne vous demeure opaque. Ou du moins rien qui ne puisse être exploré avec patience pour en extraire cette sublime connaissance de soi.

Un long voyage de découverte rarement aisé certes, puisqu'il vous confrontera à bien des ombres et des contradictions en votre for intérieur. Autant de zones d'insécurité et de blessures secrètes qu'il vous faudra affronter sans détours pour espérer un jour les dépasser et les embrasser dans leur plénitude.

Mais ce cheminement éprouvant n'en demeurera pas moins d'une valeur existentielle inestimable. Car c'est en démêlant ces écheveaux intérieurs au cœur de votre être que vous développerez ces fondations solides, cette unicité affirmée et assumée qui vous permettra d'affronter sereinement le regard d'autrui.

Alors, seulement cette introspection intégrale, conjuguée à votre ouverture consentie, opèrera son alchimie pour vous unir avec une force et une intensité décuplée aux âmes qui vous seront les plus chères.

Vous parviendrez en effet à ce stade à lire et à déchiffrer leurs propres émotions avec une perspicacité confondante, quand bien même celles-ci s'avèreraient troubles et diffuses pour leur propre ressenti. Une compréhension fusionnelle presque intuitive de leurs humeurs et de leurs ressentis, qui vous permettra d'épouser leurs moindres mouvements intérieurs pour mieux les accompagner dans leur pleine expression.

C'est à ce stade que les véritables liens sacrés se formeront. Cette perméabilité mutuelle des consciences où vos esprits résonneront en pure harmonie, vibrant sur les mêmes longueurs d'onde extatiques au point d'en devenir une seule entité transcendante.

Un état de grâce unique où vos souffrances comme vos épiphanies se rejoindront par un lumineux écho, se renforçant et s'amplifiant mutuellement dans une même explosion cathartique d'acceptation et de renaissance partagées.

Un accomplissement émotionnel d'une telle intensité qu'il confine à l'expérience initiatique pour les plus réceptifs d'entre vous. Cette union des âmes représentant ce point d'extase si communément recherché par tant de mystiques et de chamanes à travers les âges, mais rarement atteint dans toute sa plénitude incandescente.

Un brasier intérieur qui consumera vos entraves les plus profondes dans ses flammes purificatrices, pour mieux vous régénérer, allégés de vos carences et de vos peurs millénaires. Et vous permettre d'émerger enfin tels des phénix, parés d'une nouvelle humanité rayonnante et apaisée que nul obstacle terrestre ne saura désormais plus altérer.

3.4- Développer l'empathie et l'intelligence émotionnelle

Au cœur de cette quête fondamentale de connexion émotionnelle réside une compétence essentielle, véritable socle de tout lien humain véritable : la capacité réelle d'empathie et de compréhension inconditionnelle d'autrui.

Une aptitude subtile qui va bien au-delà de cette simple forme de compassion superficielle dispensée avec condescendance. Il ne s'agit pas de se contenter d'écouter platement le ressenti de l'autre avec une forme de pitié détachée, avant de l'expédier d'un mot de réconfort convenu.

Non, l'empathie représente un abandon total de son propre prisme de jugement pour épouser pleinement celui de son interlocuteur. S'immerger sans retenue dans l'intégralité de son vécu émotionnel, de ses schémas de pensées et de sa vision singulière du monde qui l'entoure.

Une immersion sans concession au plus profond des méandres les plus secrets et inexplorés de sa conscience, en allant sonder bien au-delà des simples paroles prononcées. Embrasser de plein fouet la quintessence de ces émotions brutes, dans toute leur complexité et leurs contradictions insondables.

Un exercice d'une redoutable difficulté tant il exige de se départir de tous nos réflexes défensifs et de nos facilités de jugement hâtif. De résister à ces pulsions presque irrépressibles d'interprétation, de remise en cause ou de confrontation instinctive.

Il nous faut au contraire apprendre à faire le vide en nous pour nous rendre entièrement disponibles et réceptifs à cette autre vérité qui cherche à s'exprimer. Nous détacher de tous nos propres aprioris, nos grilles de lecture préconçues et nos certitudes établies pour nous plonger dans l'inconnu, guidés par la seule boussole de l'ouverture d'esprit absolue.

Un lâcher-prise obligeant qui nécessitera de faire preuve d'humilité sur nos propres compétences émotionnelles encore trop limitées. Celles d'individus ayant jusqu'alors navigué dans un prisme émotionnel restreint trop souvent biaisé par leurs propres filtres culturels ou psychiques.

Il faudra au contraire apprendre à embrasser les perspectives les plus larges et diverses possibles, en multipliant les immersions profondes au cœur d'autant de schémas mentaux et d'univers émotionnels singuliers que possible.

Car chacun d'entre nous vit et interprète le monde à travers ces prismes intérieurs uniques, forgés au feu des aléas et des épreuves qui ont jalonné nos vies respectives. Autant de ressentis et de codes émotionnels qui nous sont propres, à des années-lumière de ceux d'individus aux parcours radicalement différents des nôtres.

Comment dès lors espérer les comprendre en restant cantonnés à nos propres cadres de référence affectifs, eux-mêmes déjà si complexes à appréhender dans toute leur richesse infinie ?

Bien peu de personnes y parviennent vraiment, prenant les raccourcis de l'amalgame ou du déni émotionnel par pure facilité. Mais fuir ainsi les efforts d'introspection nécessaires reviendront inexorablement à nous priver des grâces de la connexion authentique avec autrui.

Il vous faudra au contraire gagner en maîtrise des ressorts de votre propre émotivité, apprendre à discerner ces troubles d'humeurs, ces pressentiments insondables comme ces soudaines bouffées d'exaltation ou de langueur. Identifier leurs causes profondes, leurs signaux précurseurs et leurs différents stades d'évolution.

Un apprentissage délicat de la lecture des signaux infimes, de ces micros changements imperceptibles dans vos intonations vocales, votre phrase, votre langage corporel et les moindres expressions de votre visage que vous jugeriez anodins.

Des compétences d'auto-analyse redoutables à acquérir, qui vous permettront progressivement de démêler ces flux émotionnels complexes qui vous traversent, d'en définir la cartographie dans ses moindres retranchements, jusqu'à en saisir la logique profonde sous-jacente.

Un immense travail de recensement mais également d'acceptation de ces tourments intérieurs et paradoxes qui vous habitent. En intégrant pleinement ces phases d'abattement comme de liesse, de fébrilité comme d'impassibilité totale, sans jamais chercher à les refouler ou à les combattre aveuglément.

Au contraire, laissez votre moi émotionnel s'exprimer sans crainte ni retenue, dans toutes ses dimensions les plus extrêmes et les plus troubles. En analysant ces processus à l'œuvre d'un regard tout à la fois plein de douceur mais aussi d'une extrême lucidité.

Et vous commencerez ainsi à développer en vous ce niveau unique d'intelligence émotionnelle, de pleine compréhension et de maîtrise totale de ces forces invisibles qui nous gouvernent et nous lient à autrui bien plus intensément que les simples mots echangés.

C'est lorsque vous aurez progressé suffisamment dans ces difficiles apprentissages pour atteindre ce degré d'ubiquité avec vous-même que vous serez véritablement prêt à vous ouvrir à cette forme supérieure de communion empathique si indispensable aux relations humaines.

Vous pourrez alors enfin épouser sans détours la complexité insondable de ces schémas émotionnels uniques qui innervent l'âme de chacun de ceux qui vous entourent. Non plus en vous efforçant de les comprendre depuis votre prisme réducteur, mais par une fusion respectueuse de vos propres affects avec les leurs.

Une coexistence harmonieuse des tréfonds de vos deux consciences se rejoignant sur un même plan universel. Pour brasser et actionner ces eaux troubles dans leur globalité, sans plus chercher à les délester de leurs houles et tempêtes pourtant si inhérentes à leur force tellurique.

C'est dans cet abandon total des entraves, des peurs et des inconforts premiers que vous transcenderez enfin les barrières de vos émotions. Non par leur fuite ou leur négation, mais bien en les célébrants dans leur radicalité pour mieux les sublimer dans un réel dépassement de soi.

3.5- Gérer les conflits et les malentendus

Aussi aboutie et raffinée que puisse être votre intelligence relationnelle, les frictions et les incompréhensions demeureront toujours inévitables dans toute relation humaine, même la plus apaisée. Le conflit représente en effet une composante intrinsèque de l'interaction, un phénomène naturel découlant de la confrontation de visions du monde et de schémas mentaux divergents.

La clé ne réside donc pas dans une vaine tentative pour l'éradiquer totalement, mais bien dans votre faculté à appréhender ces inéluctables différends avec la plus grande sérénité et ouverture d'esprit possibles. En développant ces précieuses compétences de gestion positive des conflits pour en faire des formidables opportunités de dépassement de soi et de rapprochement plutôt que des risques de rupture.

Le premier prérequis demeure bien évidemment de savoir faire preuve de la plus grande maîtrise de soi dans ces moments de tension palpable. Résister à ces pulsions presque instinctives de remise en cause systématique, d'agressivité défensive ou de fermeture émotionnelle pour au contraire vous placer en mode d'écoute active la plus totale.

Vous devrez pour cela notamment apprendre à discerner les réelles sources du malentendu naissant, bien souvent situées à des niveaux bien plus subtils et enfouis que le simple sujet de discorde apparente. Car les sujets de friction représentent rarement la véritable cause des malentendus, mais bien plus des révélateurs de blocages ou d'incompréhensions plus profondes.

Il vous faudra donc être en capacité d'enquêter bien au-delà des simples aspects factuels du problème exposé, pour sonder ces rouages secrets qui innervent réellement le désaccord en train de se profiler.

Soyez particulièrement attentifs aux accès de susceptibilité ou à ces phases d'hermétisme soudain de votre interlocuteur. Ces moments de repli défensif régis par une profonde angoisse sous-jacente à découvrir et à dissiper pour désamorcer le malentendu dans les œufs.

N'hésitez pas à multiplier les demandes de clarification pour bien cerner la nature réelle de ses inquiétudes ou frustrations inavouées. Quelle peur ou quel ressenti douloureux se cache derrière ces mimiques ou ces intonations hostiles ? Quelle carence ou quelle aspiration insatisfaite sont vraiment en jeu ?

Cherchez à démêler ce qui, dans votre propre attitude ou vos propres propos, a pu déclencher ces réflexes défensifs inconscients. Par quels mots avez-vous pu heurter ses fragilités ? Quels gestes ou comportements ont pu être interprétés comme autant de signaux de menace ou de rejet ?

Soyez très attentifs à ces dissonances subtiles entre votre intention de départ et sa réception effective, si éloignées l'une de l'autre. Un conflit ne représente bien souvent qu'une violente divergence de perception de part et d'autre, une incompréhension mutuelle majeure à résoudre en priorité avant d'espérer aplanir tout autre différend.

Multipliez les reformulations et les synthèses tout au long de votre échange pour vous assurer d'une bonne synchronisation des esprits. Et n'hésitez pas à faire un pas de côté pour mettre à plat ces inévitables distorsions et ces décalages interprétatifs dès qu'ils se présentent.

Une fois ce travail d'apaisement et de reliance posé, vous pourrez alors graduellement convier votre interlocuteur à se départir de ses réflexes défensifs et de ses préjugés pour s'ouvrir avec bienveillance à votre propre vision des choses. Mais avec une forme de détachement et de diplomatie pour ne jamais imposer mais suggérer votre point de vue dans un esprit de totale réciprocité.

Car le véritable enjeu réside bien souvent dans cette confrontation assumée et des représentations mutuelles. Dans cette liberté laissée à chacun d'exprimer ses propres aspirations et convictions sans censure ni jugement de valeur, dans le plus grand respect des différences.

Un exercice aussi ardu qu'indispensable, puisqu'il vous forcera à sortir de votre seule zone de certitudes pour consentir à embrasser toute la complexité et la richesse des autres perspectives possibles. À assumer les inévitables paradoxes, remets en cause et contradictions que ce foisonnement engendrera tant que vous ne les aurez pas transcendées.

Tentez ainsi d'extraire de cette confrontation des esprits ce qu'il y a de plus précieux et d'universel, sans vous attacher aux anecdotes et aux détails antagonistes. Cet effort de recul et de montée en généralité vous permettra de faire émerger ces principes supérieurs qui vous rassembleront au-delà de vos différences.

Des valeurs fondamentales qui, une fois identifiées et pleinement partagées, créeront ces formidables zones de confluence, véritables terrains d'entente durables à célébrer plutôt qu'à combattre. Des fondations communes sur lesquelles vous pourrez rebâtir une vision renouvelée, plus riche et plus nuancée que la simple somme de vos visions individuelles originelles.

Un accomplissement que vous ne pourrez atteindre qu'en renonçant définitivement à toute forme d'esprit de confrontation au profit d'une réelle volonté d'écoute, de communion des esprits et de co-création apaisée. Dans un cheminement sincère vers cet idéal d'intelligence collective si propice à l'émergence de solutions gagnant-gagnant pour toutes les parties.

Une humble sagesse qui érigera le conflit en véritable art de l'intégration des différences plutôt qu'en champ de bataille stérile. Où la divergence d'opinions représentera une source de richesse et d'opportunités de croissance mutuelle plutôt qu'un repoussoir. Et chaque friction est une magnifique occasion de transcender vos propres limites pour évoluer dans la paix vers plus d'ouverture et d'acceptation.

Chapitre 4 : Se mettre en situation de rencontrer du monde

Vous voilà désormais pétri de l'ensemble des ressources et des compétences fondamentales pour bâtir des liens humains riches et profonds. Mais une ultime marche reste encore à gravir pour accomplir pleinement ce voyage vers une réelle intelligence relationnelle : l'exploration de ce nouveau territoire de la mise en pratique concrète.

Car aussi prodigieuses que puissent être vos capacités d'écoute, d'empathie ou votre maîtrise des techniques de communication, elles demeureront bien peu efficaces si vous ne parvenez pas à vous extraire de votre zone de confort pour les confronter au monde réel.

Il vous faudra inévitablement apprendre à transcender ces réflexes sécuritaires qui vous maintiennent prisonnier dans cet entre-soi affectif si rassurant mais également si stérile. Pour avoir enfin l'audace de vous lancer corps et âme dans l'inconnu en multipliant les interactions et les rencontres inédites.

Une démarche pour le moins intimidante au premier abord, qui vous exposera inéluctablement à de multiples situations de doute, d'erreur, voire de franche adversité émotionnelle si vous n'êtes pas convenablement préparés. Tant de circonstances où vos zones d'ombre et de fragilité intérieures pourraient ressurgir pour mieux vous trahir, au risque de remettre en cause tout l'édifice de sécurité personnelle que vous avez si péniblement reconstruit.

Mais cette forme d'appréhension ne représente en réalité qu'une résistance naturelle précédant tout grand défi de dépassement de soi. Une dernière ligne de front à forcer pour enfin gagner votre liberté et entrer dans la dimension supérieure de la maîtrise absolue.

Car affronter ces situations de rencontre constitue bien plus qu'un simple exercice pratique de ce que vous avez appris. Elles représentent de véritables tranches de vie où votre être profond sera immanquablement mis à nu, happé par les courants tumultueux du monde extérieur.

Des moments de vérité exceptionnels et forcément déstabilisants, où tous vos acquis et vos zones d'ombre seront violemment confrontés à ces champs de forces invisibles et imprévisibles que représentent les consciences individuelles que vous croiserez. Vos certitudes seront ébranlées, vos techniques consciemment maîtrisées seront mises à rude épreuve.

Mais c'est précisément dans ces instants de désarroi et de chaos contrôlé, de perte de repères, que vous accomplirez les plus grands progrès. En dépassant vos limites préétablies dans un feu émotionnel intense, dans une forme de renaissance de votre être à un degré supérieur d'élévation.

Alors seulement, vous transcenderez ces ultimes barrières de la maîtrise purement rationnelle et cérébrale des techniques, pour enfin atteindre ce domaine de la pure spontanéité instinctive. Là où le lien se forme et s'approfondit non plus par la stricte application de recettes, mais bien par l'entière expression d'une âme désormais libérée de ses entraves.

Un état de grâce unique où la rencontre authentique prendra tout son sens. Vous ne serez plus ce simple exécutant appliquant des procédés appris par cœur, ce modeste disciple de préceptes théoriques pourtant si limités. Mais un véritable être de chair et de sang, rayonnant d'Humanité et vibrant d'émotions brutes à l'unisson des autres présences que vous croiserez.

C'est ainsi que vous entrerez dans cette formidable dimension de la rencontre vécue comme une expérience initiatique. Une communion d'âmes liées par des forces qui transcendent de loin les simples mots échangés ou gestes accomplis. Une véritable transmission de l'essence de vos êtres mutuels, pour se rejoindre sur ces plans d'existence supérieurs qui forgent les liens les plus indéfectibles.

À ce stade, la relation se déploiera enfin dans toute sa splendeur, oscillant sans cesse entre ces sphères intimistes de la connivence fusionnelle et ces espaces magiques de la rencontre perpétuelle où chaque nouvelle interaction représentera une porte ouverte sur un monde inédit à explorer.

Tel sera l'apogée de votre pleine maîtrise de l'intelligence relationnelle : cet état d'hypersensibilité extatique où vous ne ferez plus qu'Un avec cet incessant mouvement de la vie, affrontant le réel dans une danse envoûtante où déferlent des myriades de rencontres à chaque instant...

4.1 - Endroits pour rencontrer de nouvelles personnes

Maintenant que vous avez intégré les fondamentaux pour interagir avec aisance, il est temps de convertir ces acquis en véritables rencontres concrètes. Pour cela, vous devrez multiplier les occasions de vous extraire de votre zone de confort pour vous immerger dans de nouveaux environnements propices aux connexions humaines enrichissantes.

Le premier réflexe sera d'explorer les opportunités offertes par votre cercle social déjà établi. Vos proches, ces liens forts qui vous entourent au quotidien, constituent d'excellents leviers pour vous ouvrir à leur propre entourage et réseaux relationnels.

N'ayez crainte de leur exprimer ouvertement votre souhait de vous exposer à de nouveaux visages. La plupart seront ravis de vous intégrer à leurs activités pour élargir leur propre territoire de rencontres. Des moments de partage chaleureux en perspective où vous évoluerez dans un environnement sécurisant tout en profitant de leurs connexions pour briser la glace plus aisément.

Étudiez également les activités organisées au sein de votre voisinage, de votre quartier ou de votre ville, souvent une mine d'or pour qui veut prendre le temps de s'y intéresser. Des événements fédérateurs comme les spectacles, les concerts ou les conférences avec lesquels il sera aisé d'engager la conversation avec les personnes partageant vos centres d'intérêt.

Ou même certaines initiatives locales plus intimistes mais particulièrement conviviales comme les ateliers culinaires, séances de dégustation ou visites de lieux emblématiques. Des formats idéaux pour briser la glace avec douceur et profiter d'interactions toutes trouvées autour d'une activité commune appréciée de tous.

Votre situation professionnelle représente par ailleurs un gisement de possibilités à ne pas négliger. Vos collègues, déjà liés par cette complicité naturelle des galères partagées, peuvent devenir des passeports inestimables vers leurs propres réseaux amicaux et familiaux une fois le contact approfondi.

Au-delà, jetez un œil distancié sur l'écosystème entrepreneurial ou les communautés de votre secteur d'activité. De multiples clubs, réseaux ou regroupements associatifs vous tendront les bras pour profiter de rendez-vous conviviaux ou développer des connexions amicales et des opportunités professionnelles fructueuses.

L'exploration des territoires en ligne représente aussi une formidable source d'ouverture pour se faire de nouveaux amis de façon naturelle et décontractée. Les communautés virtuelles regorgeant de passionnés dans des domaines aussi divers qu'insoupçonnés.

De véritables terrains de jeu où il sera aisé d'engager les discussions autour de centres d'intérêt partagés et de papillonner au gré de vos affinités du moment pour tisser ces premières attaches relationnelles dans l'échange et la bienveillance. Avec l'opportunité unique de transcender les contraintes géographiques pour entrer en contact avec les esprits les plus variés et inspirants de tous horizons.

Mais votre chasse au trésor prendra vraiment toute son ampleur lorsque vous oserez vous aventurer sur le vaste terrain de jeu des activités sociales et des groupes d'intérêts hors-ligne. Des milliers d'associations, de clubs, réseaux ou cercles locaux vous ouvriront grand leurs portes pour vous accueillir au sein de communautés unies par ces puissantes passions fédératrices.

Que ce soit autour d'une activité artistique, spirituelle, caritative ou sportive, vous vous retrouverez immanquablement entouré d'individus partageant vos valeurs et vos vibrations pour créer les conditions gagnantes d'un lien authentique.

Variez les plaisirs en explorant ces multiples univers qui pourront toujours éveiller une nouvelle corde sensible en vous. Du club de sport tendance aux réseaux spirituels en vogue, de la chorale associative au groupe militant, chaque environnement vous offrira ses codes, ses dynamiques relationnelles et ses profils-types que vous apprendrez à apprivoiser.

Votre terrain de chasse de prédilection restera malgré tout celui de ces tiers-lieux conviviaux prévus pour favoriser les interactions sociales dans un cadre propice à la rencontre décontractée. Les bars, les cafés, les espaces de coworking et autres lieux de vie représentent ces précieuses plages de convergence entre des univers aux réalités bien distinctes.

Autant d'espaces neutres et inclusifs où toutes les consciences se retrouvent fondues dans ce creuset de l'échange spontané et du partage sincère. Pour créer ces instants de grâce propices aux rapprochements impromptus et aux connexions les plus inattendues, loin des barrières formelles et des carcans de rôle établis.

Enfin, gardez un œil ouvert sur ces multiples événements ponctuels qui viendront pimenter votre quotidien de leurs déferlantes d'interactions toutes trouvées. Séminaires, congrès, salons, festivals, votre précieuse source d'ouverture sur un monde de nouveaux visages à apprivoiser le temps d'une parenthèse chaleureuse et conviviale.

Restez curieux et réceptifs à toutes les opportunités, même les plus insolites. Ouvrez grand les bras à ces rencontres fortuites et ces moments de magie émotionnelle qui afflueront une fois que vous serez déterminés à faire de chaque nouvelle journée une formidable bouffée d'air frais...

4.2- Clubs, organisations et activités

Parmi les nombreux environnements propices aux rencontres enrichissantes, les clubs, organisations et activités de groupe représentent un terrain de chasse particulièrement fertile. En vous intégrant à ces communautés rassemblées autour d'une passion ou d'un centre d'intérêt commun, vous bénéficierez d'un cadre idéal pour briser la glace et développer des connexions profondes.

Le choix se révélera presque trop vaste, tant les options foisonnent pour couvrir un spectre illimité de domaines et de styles de vie. Des associations sportives aux cercles philosophiques, en passant par les réseaux professionnels ou les collectifs artistiques, chaque regroupement vous offrira son écosystème unique à explorer.

Prenez le temps de définir vos propres critères pour cibler ceux qui résonneront le mieux avec votre personnalité authentique. La proximité géographique, le degré d'engagement demandé ou le format des rencontres représenteront autant de paramètres à prendre en compte.

Soyez attentifs aux canaux d'information à votre portée pour dénicher ces pépites qui sauront piquer votre curiosité. Les réseaux sociaux, sites communautaires ou simples affichages publics locaux regorgeant d'annonces alléchantes à décrypter.

Une fois votre cible identifiée, l'heure sera venue de franchir le premier pas pour vous impliquer et lancer cette nouvelle aventure humaine dans les meilleures conditions. Renseignez-vous au préalable sur les modalités d'intégration, que ce soit l'adhésion formelle à un programme ou la participation libre à un événement ponctuel pour débuter en douceur.

Attaquez ce cycle vertueux en assistant aux différents rendez-vous ouverts aux nouveaux venus. Votre mission première sera d'adopter une posture d'observateur bienveillant pour vous imprégner des codes et des dynamiques relationnelles à l'œuvre au sein de ce nouvel écosystème.

Observez les rituels d'accueil et ces petits moments informels en aparté où se jouent ces premiers rapprochements. Identifiez les membres moteurs qui pourront défendre votre intégration auprès du groupe. Et apprenez à décoder ces signaux subtils de proximité et d'ouverture qui vous désigneront vos futures affinités à privilégier.

Multipliez les interactions légères, sans lendemain, pour créer ces premières attaches de familiarité indispensables. Pratiquez l'exercice de vous présenter avec franchise et simplicité auprès de chaque nouvelle rencontre, toujours attentif à transmettre ces signaux positifs qui feront de vous un visage accueillant et ouvert dans l'esprit des autres.

Une approche humble et discrète dans un premier temps, où le naturel et la chaleur humaine primeront les effets de style ou les comportements ostentatoires. Votre objectif étant de vous fondre avec finesse dans cette nouvelle matrice relationnelle complexe avant de chercher à en devenir un acteur saillant.

Accordez-vous ce temps d'observation patiente sans brûler les étapes. Laissez venir à vous ces visages que vous croiserez inlassablement dans ces différentes scènes de vie collective. Développez ces impressions spontanées d'affinité mutuelle en commentant ces petits faits marquants que vous partagerez.

Progressivement, vous commencerez à déceler, au fil de ces interactions récurrentes, celles qui sauront faire naître ces premières connexions privilégiées. Avec ces "âmes sœurs" que vous aurez identifiées d'instinct, approfondissez l'échange en multipliant les moments partagés, dans le respect de l'intimité de chacun.

Initiez ces temps de discussion un peu à l'écart et ces moments de confidence propices aux premiers partages plus personnels. Des échanges sur vos parcours individuels, vos centres d'intérêt adjacents ou ces réalités complémentaires qui nourriront ces liens naissants.

Cultivez ces complicités qui feront de vous des familiers appréciés, membres à part entière de ce nouveau cercle relationnel devenu votre nouveau cocon. Où vous pourrez évoluer dans la confiance en expérimentant ces codes de convivialité propres au groupe.

Investissez-vous alors dans les activités communes avec reconnaissance. Proposez vos idées, apportez cette touche d'originalité qui vous rendra unique et indispensable au bon fonctionnement de votre nouvelle tribu. Une implication digne qui vous ouvrira la voie vers ces responsabilités valorisantes à même de consacrer votre légitimité.

Vous atteindrez ensuite ce stade de pleine maturité relationnelle où votre rôle d'acteur incontournable du collectif sera pleinement acquis. Où vous bénéficierez de ce précieux capital de confiance pour pérenniser ces liens que vous aurez tissés avec authenticité, dans le respect des valeurs qui cimentent votre communauté.

Un véritable microcosme parallèle dont vous serez l'un des piliers à votre tour, prompt à accueillir les nouveaux arrivants avec cette même bienveillance et cette guidance dont vous aurez bénéficié vous-même. Une transmission perpétuelle qui entretiendra cette dynamique vertueuse du lien à l'infini.

Car si ces lieux représentent des creusets de connexion privilégiés, leur plus grande vertu restera d'entretenir ces indispensables flammes de l'humanité et du partage qui nourrissent nos meilleures amitiés. De cultiver sans fin cet art de la rencontre dans toute sa splendeur, avec seule ambition de célébrer sans retenue cette soif de vivre ensemble qui anime nos âmes...

4.3- <u>Surmonter la timidité et la peur du rejet</u>

Vous voilà désormais pleinement conscient de l'importance de vous extraire de votre zone de confort pour multiplier les opportunités de rencontre. Mais une appréhension tenace pourrait bien entraver votre élan et vous maintenir dans une attitude défensive : la timidité et la peur du rejet.

Ces deux spectres ont de quoi effrayer les plus déterminés d'entre nous. Celui de se retrouver paralysé dans l'incapacité de prendre la parole librement et d'exprimer son authenticité. Celui d'essuyer ces humiliations auxquelles l'on se sent rejeté, incompris, exclu du cercle des autres.

Des traumatismes psychologiques qui peuvent laisser des traces indélébiles si on ne prend garde à les gérer avec justesse et fermeté. En reconnaissant d'emblée qu'ils ne représentent en réalité que des mécanismes de protection instinctifs et naturels, dénués de toute justification rationnelle.

La timidité n'est qu'une forme d'anxiété sociale qui pousse à surestimer les dangers et les enjeux liés à l'interaction. Elle engendre ce stress excessif, ces tensions physiques paralysantes et ces discours intérieurs destructeurs qui sapent toute tentative d'ouverture spontanée.

La peur du rejet puise quant à elle dans cette insécurité profonde de ne pas être à la hauteur, de se sentir indigne aux yeux d'autrui si on révélait notre authenticité dans toute sa vulnérabilité. Cette crainte de l'humiliation qui nous pousse à ériger ces barrières défensives pour nous préserver.

Pourtant, laisser libre cours à ces émotions n'a d'autre effet que de renforcer le terrible cycle de l'isolement social. Car en se repliant sur soi, on se prive des interactions indispensables pour gagner cette assurance et s'accepter pleinement tel que l'on est. Une spirale descendante qui ne pourra être brisée qu'en affrontant ces peurs de façon résolue.

Pour ce faire, demeurez complétement conscients que ces mécanismes défensifs ne répondent en aucun cas à une quelconque réalité objective. Dans l'immense majorité des cas, vos craintes seront totalement infondées et représenteront une entrave bien plus préjudiciable que les dangers qu'elles sont censées prévenir.

Les situations de rencontre comportent en effet très peu de risques concrets au regard des énormes bénéfices qu'elles peuvent vous apporter. À moins de se trouver face à des individus d'une toxicité extrême - ce qui reste statistiquement marginal - vous n'aurez rien à craindre d'autre que votre propre anxiété déraisonnée.

Apprenez donc à reconnaître et à déconstruire ces schémas néfastes avant même qu'ils n'entrent en action. Disséquez ces discours intimes alarmistes en les confrontant à la réalité pour en révéler toute l'absurdité. Décryptez ces signaux physiques de stress pour mieux les apprivoiser et en faire de simples compagnons de route inoffensifs.

Affrontez ces premières rencontres pourtant si angoissantes dans un esprit d'exploration ludique et détendue. Pratiquez l'exercice en vous octroyant une forme d'impunité bienveillante, sans porter sur vos épaules la charge d'un quelconque enjeu paralysant à devoir réussir à tout prix.

Car c'est bien là que réside le piège fatal : cette croyance que chaque interaction représente un enjeu décisif pour votre valeur personnelle, selon une forme de défi à remporter pour prouver votre légitimité au monde. Une pression énorme et parfaitement artificielle, qui ne peut que dégrader votre naturel et votre spontanéité si précieuse.

Au contraire, abordez ces situations dans un esprit de jeu, de découverte et d'ouverture bienveillante. En gardant à l'esprit qu'il ne s'agit que de simples moments éphémères, dénués de toute conséquence réelle dans le cadre plus large de votre existence. Des instants hors du temps, à contempler avec légèreté et curiosité.

Adoptez cette incroyable liberté d'être pleinement vous-même sans porter le poids du jugement des autres. Quelles que soient les réactions que vous obtiendrez, elles n'auront aucun impact véritable sur votre parcours de vie si vous abordez ces échanges avec la détermination d'en faire une simple respiration vivifiante, prompte à être replacée dans leur juste contexte.

Car en réalité, si le spectre du rejet peut sembler terrifiant au premier abord, il ne saurait être que l'expression d'une forme d'incompatibilité naturelle. La simple illustration que cette personne n'était peut-être pas faite pour vous comprendre parfaitement et correspondre à vos attentes profondes.

Une situation certes inconfortable sur le moment, mais qui représentera in fine une opportunité d'avancer dans votre quête d'authenticité. L'occasion de vous recentrer sur votre propre chemin de vie et vos priorités essentielles, en vous ouvrant aux connexions plus alignées sur votre être véritable.

Au fil des interactions, vous apprendrez ainsi à reconnaître ces "âmes sœurs" auprès de qui vous pourrez exprimer votre vulnérabilité et votre spontanéité la plus brute sans crainte. Et vous cultiverez la juste distance avec ces rencontres moins compatibles, en les abordant avec ce même respect mais sans attentes excessives.

À la fin, plus vous affronterez ces situations avec légèreté et confiance, plus vous vous rendrez compte que le rejet n'est qu'un leurre, émanant de ces peurs intimes que vous laisserez progressivement derrière vous. Pour ne plus contempler que ces connexions merveilleuses qui ne cessent de se présenter à vous sous toutes leurs formes impromptues...

4.4- <u>Stratégies pour aborder et engager la conversation</u>

Vous voilà parés pour arpenter ces territoires prometteurs où les rencontres enrichissantes ne demandent qu'à se concrétiser. Reste désormais à apprivoiser cet art délicat de l'approche et de l'amorce de conversation, pierre angulaire de toute nouvelle connexion.

La phase d'abordage représente souvent l'écueil majeur, ce cap intimidant qui rebute les plus téméraires d'entre nous. Par peur de déranger, d'être perçu comme intrusif ou de se voir opposer un désintérêt cuisant dès les premiers mots échangés. Un moment de vulnérabilité qui exige une approche avisée pour transformer ces prémices hésitantes en un dialogue fluide et engageant.

Le succès résultera avant tout d'une préparation minutieuse en amont pour aborder ces instants dans un état d'esprit idéal. Travaillez d'abord à vous départir de toute pression excessive en relativisant les enjeux liés à cet événement. Ne le sublimez pas en un challenge existentiel, mais considérez-le comme un simple défi stimulant à relever avec curiosité et excitation.

Autorisez-vous cette forme de distance bienveillante qui vous offrira la légèreté nécessaire pour appréhender ces premières secondes avec aisance. En acceptant dès le départ le scénario d'une rebuffade courtoise ou d'une incompatibilité passagère sans nécessairement les appréhender comme un rejet personnel.

Dans cette optique, apprenez à goûter le simple plaisir de l'exercice pour l'exercice. Cet élan de spontanéité qui vous détache des attentes et des scénarios préconçus. En faisant de chaque nouvelle tentative une expérience inédite à accueillir sans idées préconçues, en gardant pour seul cap ce désir d'interagir pour l'interaction elle-même.

Préparez néanmoins un bagage de ressorts conversationnels susceptibles de faciliter ces premières minutes cruciales. Des brise-glaces percutants pour transformer cette entrée en matière initiale quelque peu abrupte en une passerelle plus naturelle vers des échanges enrichissants.

La référence à des éléments d'environnement, un compliment bien senti, ou une observation spirituelle partagée représenteront autant de sésames potentiels pour insuffler ce premier souffle de vie à la discussion et trouver ces premières accroches relationnelles avec votre interlocuteur.

Veillez ensuite à transmettre ces signaux d'ouverture et de bienveillance indispensables pour installer ce climat de confiance et de légèreté propice au lâcher-prise pour l'un comme pour l'autre. Adoptez une posture décontractée, un ton avenant, un regard franc et une gestuelle inclusive, autant de petits marqueurs de proximité qui contribueront à dissiper les tensions.

Lancez-vous alors dans l'exercice en insistant sur ces aspects universels et fédérateurs qui permettront de créer ce terreau commun indispensable au développement d'attaches plus personnelles par la suite. Lieux communs, références partagées ou points de convergence évoqués sur le mode de l'autodérision et de la simplicité pour amorcer la dynamique de l'échange véritable.

Développez un sens de l'écoute attentive et curieuse qui suscitera cette ouverture réciproque. Adoptez une présence mentale totale lors de ces premiers échanges, une réceptivité à 100 % à ces indices subtils révélateurs des traits de caractère, des émotions et des motivations intimes de votre interlocuteur.

Votre agilité à les décoder et votre vivacité à rebondir avec justesse permettront d'inscrire la conversation dans un rythme toujours plus fluide, fait de rebondissements naturels et de confidences progressives. Des échanges de plus en plus personnalisés qui évolueront avec souplesse au gré des enchaînements spontanés, loin des carcans étouffants du questionnaire convenu.

Au-delà de l'intérêt des thématiques elles-mêmes, cherchez surtout à saisir la personnalité fascinante qui se dissimule derrière ces quelques mots. Cette âme précieuse qui attend d'être reconnue et célébrée. En faisant de votre interlocuteur votre sujet d'étude passionnant, objet de votre curiosité sincère et désintéressée. Une présence totale insufflée par ce subtil mélange d'empathie et d'humilité qui suscitera naturellement cette ouverture libératrice dans le dialogue.

Respectez les silences, soyez attentif aux signaux d'aisance ou de lassitude pour garder le contrôle du rythme, en variant les registres entre questions ouvertes pour relancer, apartés spontanés et mises en perspective pour approfondir. Une forme d'équilibre incessant qui maintiendra ce fragile écosystème de l'échange dans sa vibration la plus harmonieuse.

Tissez ainsi ces premiers fils de la relation en installant progressivement cette complicité implicite où les bribes de confidence se feront de plus en plus substantielles dans cette atmosphère chaleureuse d'écoute inconditionnelle et de totale acceptation de l'autre. En révélant avec subtilité cette part d'humanité que vous partagerez inévitablement.

L'heure sera alors venue de faire montre de cette ouverture d'esprit et de cette liberté de ton légèrement décalée qui scellera définitivement votre personnalité attachante. En osant ces touches d'autodérision, de spontanéité espiègle ou ces appels du pied concernant vos passions les plus dévorantes, signes d'un naturel sans calcul qui suscitera l'adhésion mutuelle.

En conservant cette notion de jeu et de communion joyeuse à l'esprit, pour faire de ces retrouvailles inédites un moment lumineux de grâce humaine, riche en enseignements. Et finalement, clore cette parenthèse avec cette promesse d'une prochaine rencontre, vivement souhaitée cette fois, pour prolonger cet échange avec la saveur d'une relation naissante...

Quelle que soit l'issue, gardez à cœur de remercier votre interlocuteur pour cette respiration d'authenticité partagée. En le raccompagnant par ce petit geste de considération finale qui résumera à lui seul votre engagement et votre leçon pleinement intégrée : celle de célébrer la rencontre comme une expérience toujours gagnante, peu importe son dénouement immédiat.

4.5- <u>Avantages/inconvénients des réseaux sociaux et des applications</u>

L'ère moderne a vu l'émergence fulgurante des réseaux sociaux et des applications de rencontre, investissant notre quotidien de ces nouveaux canaux de connexion à la fois tentants et déroutants. Des outils puissants aux implications bien réelles, qu'il convient d'appréhender avec lucidité pour en exploiter le potentiel tout en évitant les pièges inhérents.

Parmi les bénéfices les plus évidents, difficile d'ignorer le formidable élargissement du champ des possibles qu'ils représentent. Grâce à la démocratisation du numérique, votre terrain de chasse s'étend désormais bien au-delà des frontières géographiques et des cercles relationnels traditionnels.

Finis les verrous liés à la proximité physique ou les terribles barrières de la timidité. Plus besoin de forcer le passage dans ces sphères sociales où l'entrée reste si codifiée quand il vous suffit d'activer ces applications pour disposer d'un accès instantané à des milliers de profils, partout dans le monde.

Un espace de jeu illimité où règne l'abondance de la possibilité à même de combler vos aspirations les plus ambitieuses en matière de rencontres enrichissantes. Où vous pourrez laisser libre cours à votre curiosité au fil des découvertes virtuelles, mais aussi affiner votre stratégie de séduction ou de ciblage.

Car ces nouveaux canaux disposent en effet de nombreux outils de personnalisation et de filtrage vous permettant de tracer votre route avec précision. Au travers d'algorithmes de plus en plus perfectionnés, vous aurez la capacité de définir vos critères de compatibilité pour identifier ces profils les plus à même de correspondre à vos attentes.

Adieu les rendez-vous insipides ou l'impression de tourner en rond avec ces mêmes schémas relationnels. Désormais, vous aurez la main pour sélectionner ces personnalités fascinantes qui viendront répondre à votre soif de renouveau et stimuler votre appétit de découverte.

Cette mise en relation facilitée constituera en outre un gain de temps précieux qui vous épargnera ces innombrables moments morts où la patience fut si souvent de mise dans le monde physique. Finis les dimanches à errer dans ces lieux propices à l'attente interminable d'une opportunité de rencontre qui ne viendra peut-être jamais.

Ici, un simple geste vous suffira pour être immédiatement exposé à ces connexions potentielles en un clic. Et lancer ce cycle vertueux d'échanges courtois qui sauront certainement ou non mûrir vers des développements plus intimes au gré de vos affinités mutuelles.

Une très grande flexibilité d'utilisation qui laissera à votre discrétion le soin de doser avec légèreté votre niveau d'implication, en contrôlant au mieux votre engagement selon vos contraintes et votre liberté du moment.

Et pour ceux qui maîtriseront cet art de l'approche indirecte avisée, le continent virtuel représentera un inépuisable formidable terrain de chasse propice à cet exercice initial du lancer de drague si délicat à expérimenter en présentiel. Une aire de jeu où vous pourrez multiplier ces premières requêtes pour muscler votre assurance et votre audace avec une forme d'impunité très appréciable.

Cependant, gardez à l'esprit que ces outils aussi puissants soient-ils n'auront de réelles valeurs que si vous prenez soin de les inscrire dans une perspective réaliste, en n'ignorant pas leurs propres limites intrinsèques. Et en restant vigilants quant à certains risques qui ne manqueront pas de se présenter.

Car derrière ces interfaces séduisantes et la facilité apparente qu'elles promettent, le piège du désinvestissement guette quiconque s'enliserait dans cette forme de leurre de la connexion immédiate et désincarnée qu'elles véhiculeraient.

Cette illusion d'atteindre une certaine vie sociale sans jamais avoir à sortir de chez soi ou faire l'effort d'une interaction véritablement enrichissante. Une forme de court-circuitage de la réalité qui pourrait bien vous conduire insidieusement sur les pentes funestes de l'isolement émotionnel et de l'appauvrissement des relations profondes.

Au-delà, la déferlante d'informations et de distractions perpétuelles qu'elles charrient représentera un défi de taille pour conserver cette concentration nécessaire et préserver ces temps de qualité indispensables au développement de liens véritables. Combien de fois vos efforts n'auront-ils pas été réduits à néant par ces sollicitations contradictoires qui ne cesseront de vous détourner de l'essentiel ?

De même, veillez à disséquer ces environnements avec un regard lucide et critique pour ne pas vous laisser berner par les artifices et les effets de surface. Derrière ces miroirs aux alouettes réside la tentation de se complaire dans des postures vaniteuses de séduction factice, sans jamais prendre le risque de l'authenticité.

Une mise en scène de soi dénuée de toute substance qui ne saurait constituer le terreau sain où faire germer ces amitiés précieuses. En réalité, quiconque se laisserait envahir par ces travers verrait le véritable sens de la rencontre lui échapper pour n'en garder que l'amère saveur d'un simulacre dénaturé.

De la même façon, soyez attentifs aux risques de dérive et aux menaces d'abus que peuvent représenter ces espaces encore trop peu régulés et sécurisés. L'anonymat peut être une terrible arme de destruction qui exposera les plus vulnérables d'entre vous à ces comportements délétères récurrents qui continuent de souiller ces réseaux, symbole d'une certaine impunité malsaine.

Enfin, probablement la plus grande vigilance restera à exercer à l'égard de vous-même. Pour contrer cette pente naturelle qui vous poussera inévitablement à surévaluer la portée réelle de ces connexions virtuelles éphémères, trompeusement rassurantes mais vides de toute substance.

Restez concentrés sur l'essentiel. Toutes ces heures accumulées dans ces environnements factices ne sauront pleinement combler votre appétence d'échanges véritables, cette soif de chaleur humaine non dénaturée que seul le contact direct saura vous apporter

Gardez donc toujours à l'esprit que ces outils ne sont que des béquilles, d'incroyables accélérateurs pour multiplier les opportunités certes, mais jamais des fins en soi. Des leviers de facilitation qui n'auront de réelles valeurs qu'en vous aidant à préparer ce terrain vers ces rencontres physiques restées les seules à même de vous apporter pleinement ces trésors d'épanouissement et de connexion que vous recherchez.

Chapitre 5 : Cultiver et entretenir les amitiés

Le périple riche en rebondissements de la multiplication des connexions aura inévitablement été ponctué de ses joies et de ses peines. Ces instants savoureux où l'émerveillement de la découverte aura laissé place à ces moments plus délicats, où la route aura semblé se dérober sous vos pas, vous laissant errer dans les méandres de l'incompréhension ou de la solitude.

Pourtant, malgré les embûches rencontrées, vous aurez su garder le cap sur l'essentiel. Loin de vous décourager, vous aurez fait de chaque expérience une leçon supplémentaire pour affûter votre discernement et raffiner vos stratégies. Une forme de persévérance résiliente qui vous aura menés aux prémices de ces connexions véritables, celles qui recèlent ces promesses tant désirées d'accomplissement et d'épanouissement partagé.

Car c'est bien là que réside la véritable gemme de ce cheminement capricieux : ces relations précieuses semblables à ces rencontres aussi naturelles qu'inattendues, qui auront pris racine dans le terreau fertile de l'affinité sincère. Ces liens d'une richesse incomparable qu'il vous appartiendra désormais de faire fructifier pour en révéler la plénitude de leur potentiel.

Une entreprise de longue haleine qui représentera peut-être le challenge le plus délicat de ce parcours initiatique. Maintenir la vitalité de ces amitiés naissantes pour les transformer en associations vivaces et pérennes. Les voir s'épanouir jusqu'à ce qu'elles rayonnent dans toute leur maturité, portées par l'équilibre subtil de l'engagement mutuel nourri au fil du temps.

Une quête exigeante qui exigera de prendre soin de ces relations avec la même considération et le même respect que vous accorderiez au plus fragile et précieux des végétaux. Un processus de maturation lent et délicat, à contempler avec patience, humilité et célébration.

Car, l'amitié représente bien ce jardin mystique dont il faudra apprendre les rouages les plus intimes pour en déguster les fruits les plus savoureux. Une forme de symbiose organique qui ne saurait être obtenue dans la précipitation ou par la simple volonté individuelle.

Mais plutôt cette alchimie subtile née du temps, de la réciprocité et du respect de ces cycles de vie intrinsèques qui la gouvernent.

Dans cette entreprise de longue haleine, votre défi consistera donc tout autant à percer les mystères qui régissent l'éclosion de ces écosystèmes relationnels complexes, qu'à développer les ressorts de cette motivation renouvelée indispensable pour soutenir votre engagement dans la durée.

Faire de ce processus une véritable philosophie de vie. Une quête perpétuelle, portée par cette soif insatiable de déployer de nouveaux espaces de partage et d'ouverture pour y cultiver les terrains les plus féconds à ces germinations relationnelles perpétuelles.

Un perpétuel recommencement à chérir et à approfondir sans cesse, dans cet esprit de curiosité et d'humilité débordante. Apprendre à tutoyer et à célébrer ces cycles naturels de renaissance et de maturation qui rythmeront fatalement l'existence mouvante de vos différents cercles de confidents et d'intimes.

En gardant indéfectiblement à l'esprit cette précieuse leçon : la valeur inestimable que représente l'amitié véritable. Ce trésor incomparable des grands bonheurs simples de la vie, qui constitue en réalité la finalité la plus noble et pérenne à laquelle toutes ces expériences du lien rêvent d'accéder.

Car au-delà des conquêtes et des émois instantanés qui ne cesseront de vous tenter chemin faisant, ces affiliations solides et durables seront les seules à même de résister à l'épreuve du temps pour vous offrir ce goût de sérénité et d'épanouissement inaltérables tant espérés.

Alors, armez-vous de cette foi inébranlable en ces présents que représentent les vraies amitiés une fois épanouies, et guidez vos efforts avec cette conscience renouvelée. En célébrant chaque opportunité de greffe comme ces gages vibrants d'amour, de compréhension mutuelle, de connaissance de soi et d'ouverture sur le monde, qui vous rapprocheront pas à pas de votre pleine réalisation personnelle...

5.1- Ingrédients d'une amitié solide et épanouissante

Avant toute chose, il convient de rappeler cette vérité fondamentale : l'amitié authentique représente bien plus qu'une simple addition fortuite de connexions éparses. C'est un édifice complexe qui nécessite un savant assemblage de nombreux composants essentiels et un entretien constant pour espérer tenir la distance.

Si certains de ces éléments peuvent paraître relativement évidents, d'autres s'avèreront plus subtils à apprivoiser. Mais tous seront indispensables pour donner naissance à ces relations profondes, stables et porteuses que vous recherchez. Il vous appartiendra de les identifier, de les comprendre, puis de les intégrer pour en faire les fondations inébranlables de vos futurs cercles de confidents épanouis.

La confiance réciproque en constituera assurément la pierre angulaire incontournable. Cet ingrédient magique qui transformera ces rapports timides en de solides bastions d'amitié sincère sur lesquels vous pourrez vous appuyer en toute quiétude, quelles que soient les circonstances.

Pour la faire germer, il vous faudra cultiver sans relâche cette volonté de transparence, en éliminant tout ce qui pourrait introduire l'once d'un doute. La franchise doit être absolue, tant dans vos mots que dans vos actes, afin de ne laisser aucune place aux interprétations hasardeuses et autres soupçons délétères.

Vous devrez aussi apprendre à exprimer cette ouverture d'esprit propice au laisser-aller, ce lâcher-prise qui invitera votre ami à se dévoiler sans crainte dans toute sa vulnérabilité. Un espace de liberté accordé sans condition ni jugement, seul à même de faire naître en retour ce sentiment précieux de profonde connivence et d'indéfectible sécurité émotionnelle.

Mais au-delà, l'amitié véritable exigera également de déployer ces autres vertus capitales que sont le respect et la considération inconditionnelle de l'autre dans toutes ses dimensions. Pour en révéler toute la substance, elle requerra de porter sur votre alter ego ce regard empathique dénué de la moindre once de condescendance.

Plus qu'une simple façade de circonstance, il vous faudra faire preuve d'une curiosité sincère et admirative pour explorer et embrasser ces multiples facettes qui le composent. De ses traits de caractère les plus exaltants jusqu'à ses défauts les plus assumés, en intégrant ces derniers comme les marques d'une identité singulière à célébrer, jamais à dissimuler ou réprimer.

À cette bienveillance entière et inconditionnelle, vous prendrez soin d'adjoindre cette forme d'enthousiasme indéfectible envers son épanouissement. Une soif constante de voir votre ami poursuivre sa quête d'accomplissement personnel avec cette admiration sincère et dénuée de toute arrière-pensée égoïste. En le couvant de vos encouragements et en l'aidant à se dépasser pour toujours plus de réalisation de soi.

Un autre pilier central, tout aussi indispensable à la longévité du lien, consistera à instaurer un mode de communication sincère et bienveillant où pourra s'exercer ce don précieux de l'écoute ouverte et dénuée de tout filtre. Loin des polémiques stériles, vous créerez les espaces où pourront s'exprimer sans retenue ces paroles réfléchies et ces échanges apaisés sur les sujets qui vous rassemblent comme sur ceux qui vous opposent.

Des lieux de dialogue permanent qui deviendront ces laboratoires d'idées fertiles où vous prendrez soin d'entretenir ces réflexions mutuelles dans le respect des valeurs chères à votre amitié. Où vous vous enrichirez de ces débats contradictoires pour affiner votre entendement, mais dans cet esprit de bienveillance qui vous fera toujours repartir plus soudés qu'auparavant.

Car le vrai défi sera de repousser au maximum ces dangereuses situations de repli émotionnel qui constituent la première menace pour la vitalité du lien. Quand ces malentendus insidieux s'installent sous le coup de ces provocations extérieures ou de ces moments de fragilité accumulés. Et que le silence coupable devient ce terreau propice à la désunion et à la dérive des liens qui se distendent.

Au contraire, apprenez à briser ces spirales délétères par ces conversations franches et apaisées qui vous permettront de renouer ces chaînons relâchés. En employant cette parole accessible qui replacera l'essentiel au centre de votre attention commune : cette volonté sincère de rétablir la connexion dans son entièreté, et par-dessus tout de préserver la flamme de ce précieux pacte amical qui vous lie.

Au fil du temps, un autre prérequis tout aussi crucial finira par s'imposer de lui-même : cet amour inconditionnel du partage et cette joie d'aller ensemble. Cette forme de synergisme porteur où vous apprendrez à faire corps au sein de cette entité commune fusionnelle, sans jamais perdre de vue le cheminement individuel de chacun.

Un subtil équilibre où les identités respectives seront conservées et chéries, tout en impulsant cette dynamique positive supplémentaire née de la rencontre de vos forces conjuguées pour se hisser ensemble vers de plus hautes cimes. Et ouvrir de nouveaux horizons en sachant puiser dans ces énergies complémentaires pour les sublimer en expériences exaltantes.

Sur ce terreau fertile viendront également s'ancrer ces vertus cardinales : cette volonté de faire preuve d'un dévouement indéfectible pour le bien-être de votre ami. Une forme de générosité désintéressée qui vous poussera à mettre tout en œuvre pour qu'il puisse s'épanouir pleinement et se sentir accompagné et réconforté dans les moments les plus sombres.

Tout comme cette fidélité sans faille dans la durée, quelles que soient les circonstances et les mises à l'épreuve. Une loyauté agissante, portée par cette force sereine de celui qui gardera constamment le cap avec bienveillance, tout en insufflant cette forme de stabilité, de sagesse et de réconfort inconditionnels qui assureront à votre amitié sa solidité dans la tourmente.

Enfin, n'oubliez jamais de reconnaitre et de chérir les richesses de cette complémentarité qui vous unit. En cultivant cette ouverture d'esprit propice à l'assimilation de ces différences mutuelles comme autant d'opportunités de vous découvrir et de progresser encore. Dans un esprit d'émerveillement réciproque, ces singularités loin d'être des freins seront célébrées comme ces moteurs essentiels qui entretiennent la substance, la profondeur et la vitalité de votre alliance sur le chemin d'une amitié pleinement épanouie.

5.2- <u>Maintenir et renforcer les liens d'amitié</u>

Après avoir assemblé avec soin les bases essentielles pour instaurer ces amitiés saines et porteuses, votre plus grand défi consistera désormais à maintenir et à renforcer ces relations dans la durée. Un exercice d'équilibriste permanent pour accompagner leur constante évolution, tout en veillant à préserver précieusement leur vitalité.

La première étape cruciale sera d'inscrire vos efforts dans cette philosophie de la célébration du changement. Loin de vous arc-bouter sur une vision statique et immuable de vos amitiés, vous apprendrez à les aborder avec cette sagesse et cette ouverture d'esprit qui vous permettront d'en épouser naturellement les inéluctables mouvances.

Dans cet élan, vous accueillerez avec sérénité ces phases de transition, ces temporalités plus calmes ou fiévreuses, en les interprétant comme les fruits naturels des cycles évolutifs propres à chaque relation. Une forme de respiration élémentaire et nécessaire, plutôt qu'une menace à étouffer dans l'œuf.

Bien au contraire, vous vous emploierez à dégager les espaces propices pour laisser s'exprimer ces modulations régulières aussi ouvertement que possible. Des moments de pause réflexive et de dialogue constructif pour embrasser ces changements délicats et recentrer vos liens sur ces expériences positives qui continueront à les nourrir.

Parce qu'inéluctablement, ces évolutions relationnelles surviendront. Qu'elles soient mues par vos propres cheminements ou par les imprévus capricieux de l'existence, ces ruptures d'équilibre remettront en cause certaines dynamiques installées. Il vous faudra alors puiser dans vos réservoirs d'humilité, d'adaptation et de remise en question pour renouveler vos approches avec discernement.

Apprenez ainsi à faire preuve d'une vigilance de chaque instant pour détecter ces prémices subtiles qui vous permettront d'anticiper ces virages délicats. Décryptez ces signaux avant-coureurs dans les changements d'attitudes ou de comportements qui trahiront ces dissonances émergentes. Pour mieux les accompagner ensuite avec intelligence et ouverture d'esprit.

Dans cette même dynamique d'introspection permanente, vous vous attacherez également à identifier vos propres zones d'aveuglement émotionnel. Ces œillères et ces mécanismes de défense qui pourraient vous aveugler sur les réalités d'une situation donnée. Pour mieux vous en défaire et réaffirmer votre lien à la réalité de manière saine.

Car l'un des plus grands pièges restera cette forme d'aveuglement passif qui nous amènerait à entretenir des situations délétères par facilité, négligence ou confort émotionnel mal placé. En fermant les yeux sur ces dérives insidieuses jusqu'à ce que celles-ci ne puissent plus être résorbées sans dommages collatéraux majeurs.

À l'inverse, vous apprendrez à insuffler sans cesse ces bouffées revitalisantes dans chacune de vos relations, par cette créativité spontanée et cette ouverture constante aux nouvelles expériences partagées. De ces moments d'évasion et ces projets en apparence anodins, aux défis plus engageants où vous vous découvrirez sous un jour différent, en passant par ces échanges plus profonds qui vous rapprocheront encore.

Autant de respirations salvatrices qui vous éviteront cette mort à petit feu de la routine étouffante, en renouvelant l'excitation de la découverte mutuelle et en stimulant votre enthousiasme à aller de l'avant ensemble. Tout en vous ménageant ces opportunités régulières de resserrer vos liens dans des expériences créatrices de connivences complices, renforcées encore par cette forme de jubilation commune des nouveaux obstacles relevés à l'unisson.

N'ayez également jamais peur d'initier ces moments de mise à nu, où vous décillerez dans la vulnérabilité ces espaces intimes de partage émotionnel et de confidence apaisée. Des respirations indispensables qui vous permettront de renouveler cette pleine reconnaissance de chacun, de célébrer vos différences aussi bien que de raviver cette forme de tendresse qui préservera la richesse de votre connexion.

Bien que parfois inconfortables dans un premier temps, ces séquences libératrices vous aideront à dissiper ces méconnaissances et ces non-dits toxiques qui mineraient insidieusement la solidité des liens. Tout en vous rapprochant dans cette compréhension mutuelle régénérée, gage d'un surcroît de tolérance, d'empathie et d'acceptation inconditionnelle.

Cependant, votre plus grande force pour accompagner sereinement ces évolutions sera d'inscrire vos actions dans ces fondations sacrées que sont la sincérité, la confiance, le respect et l'honnêteté absolue. En érigeant ces principes millénaires en phares intangibles quelle que soit la situation, vous vous assurerez de rester sur le chemin des connexions pérennes et authentiques.

Peu importe les défis à surmonter, ces valeurs cardinales resteront vos balises de navigation incompressibles pour avancer dans la vérité, l'intégrité et la transparence. Elles nourriront ce terreau stable sur lequel vos liens pourront s'ancrer solidement tout en se régénérant en paix.

Enfin, l'un de vos derniers garde-fous sera de veiller à instaurer un équilibre vertueux entre ces différentes dynamiques du lien, de l'investissement individuel, et de la préservation de cette source vitale d'énergies complémentaires issues de vos sphères respectives.

D'un côté, cette volonté constante d'aller de l'avant et d'enrichir sans cesse votre relation. Puisant dans cette ferveur juvénile, cette curiosité et cet enthousiasme toujours renouvelés qui vous pousseront à approfondir encore votre connexion. Dans une forme d'engagement réciproque de dévouement généreux et de recherche inlassable de ce liant indéfectible.

Mais en contrepoint, cette soif essentielle de préserver l'intégrité de vos identités singulières et de ménager ces espaces de liberté salutaires dans lesquels cultiver vos ressources personnelles. Pour qu'elles demeurent ces viviers inépuisables qui nourriront la richesse de votre association sur le long terme.

Un délicat dosage pour que chaque sphère puisse s'épanouir dans une forme de respiration sereine et fluide, propice à cette féconde pollinisation croisée. Où pourront se déployer sans contrainte les élans de votre amitié, tout en prévenant les risques d'épuisement ou de dépendances étouffantes, dans ce fragile équilibre des réciprocités réjouissantes.

Une discipline subtile qui relèvera de ce grand art, celui du déploiement permanent de cette ouverture d'esprit ouverte et bienveillante. Décisive pour accueillir avec souplesse ces virages successifs, et ainsi faire preuve de cette humilité et de cette adaptabilité indispensable pour accompagner dans la grâce l'inévitable transformation de vos cercles relationnels les plus chers.

5.3- Gérer les conflits et désaccords dans les amitiés

Aussi idylliques et pérennes que puissent paraître vos amitiés, des tensions et des différends surgiront inévitablement sur votre route. Des divergences d'opinions, des malentendus ou des contrariétés qui mettront vos liens à rude épreuve et vous pousseront dans vos retranchements.

Il serait illusoire de croire pouvoir les éviter indéfiniment. Bien plus sage sera d'apprendre dès à présent à les apprivoiser pour mieux les traverser et en faire des tremplins vers un renforcement de vos relations. Une forme d'initiation pour acquérir ces compétences permettant de les résoudre dans la sérénité et le respect mutuel.

Le premier prérequis indispensable restera de savoir reconnaître avec honnêteté les signaux avant-coureurs révélant l'émergence de ces foyers de tensions. En étant particulièrement attentif à ces changements d'humeur, ces blessures mal dissimulées ou ces petits raidissements qui trahiront les prémices d'un désaccord latent.

À ce stade, votre meilleure alliée sera cette volonté de rester au plus près de la vérité des faits, sans jamais les nier ou les minimiser. En cultivant cette forme d'humilité qui vous évitera de tomber dans les pièges de la fuite ou du déni émotionnels pour affronter ces réalités avec lucidité et courage.

Car si vous les négligez, ces foyers distordus proliféreront insidieusement dans l'ombre pour miner sourdement vos certitudes. Jusqu'à envenimer davantage les dissensions et attiser ces irrésolutions menaçantes que vous redoutiez tant au départ.

Au contraire, adoptez le réflexe de la prise de recul et de l'apaisement pour poser un regard neuf sur la situation. Dans cette forme de pause salvatrice, apprenez à canaliser du mieux possible ces premières vagues émotionnelles pour éviter qu'elles ne déferlent de manière destructrice.

Respirez, apaisez-vous, et prenez le temps d'identifier avec justesse la nature des problématiques sous-jacentes. Puis osez aborder ces angles morts avec courage, par le dialogue franc et bienveillant qui favorisera l'installation d'un cadre propice à la compréhension mutuelle.

Car votre plus grande force résidera dans cette capacité à maintenir le cap de la communication saine et respectueuse. En accueillant ces différends comme des opportunités d'explorer ces zones de friction avec ouverture d'esprit et discernement, sans jamais les ne fuir ni les exacerber par l'emportement ou les accusations.

Apprenez ainsi à faire preuve de cette forme d'intelligence émotionnelle doublée d'un sens de l'écoute et de l'empathie infaillibles. Remisez au placard ces jugements hâtifs pour gagner en hauteur de vue et embrasser la perspective de votre ami avec bienveillance.

Dans cet élan, pénétrez au cœur de sa réalité avec cette considération sincère et dénuée de parti pris. Accueillez son ressenti dans toute sa légitimité en le validant, même lorsqu'il vous apparaît obscur dans un premier temps. Et soyez ouvert à remettre en question vos propres certitudes sans les plaquer d'emblée comme des vérités indiscutables.

Bien souvent, cette posture compréhensive et apaisée permettra déjà de dégonfler les premières tensions et de poser un cadre propice à l'expression de ces vécus parfois sensibles. En insufflant cette forme de bienveillance réciproque qui favorisera l'ouverture et la reconnaissance mutuelle indispensables pour aller de l'avant.

Cependant, certains nœuds émotionnels plus profonds nécessiteront d'aller explorer ces racines sous-jacentes susceptibles de les avoir fait germer. Dans ce cas, n'ayez pas peur d'entreprendre avec détermination ces séances de remise à plat qui permettront de dénouer ces pelotes de fils enchevêtrées.

Au cœur de ce processus, l'aptitude à réaffirmer sans cesse votre engagement pour la préservation de votre amitié constituera votre plus solide ancrage pour désamorcer ces crises relationnelles. En rappelant avec constance la priorité absolue que vous accordez au lien qui vous unit.

Dans cet esprit de conciliation, veillez également à maintenir cette flamme des objectifs communs qui vous rassemblent. De ces aspirations partagées qui pourront agir comme des catalyseurs pour recentrer vos échanges sur l'essentiel et faciliter la recherche de compromis apaisés.

Parce que malgré les remous et les secousses, vous devrez toujours garder à l'esprit que ces divergences passeront, mais que votre lien survivra. Une forme de sérénité à puiser dans ces perspectives à long terme, qui vous rappelleront que ces moments d'accalmie finiront par revenir après la tempête.

Dans les situations les plus extrêmes où les tensions persisteraient malgré vos efforts, n'ayez pas peur de recourir à cette forme de "pause relationnelle" temporaire qui vous évitera de sombrer dans l'écueil des affrontements stériles et destructeurs.

Un temps d'apaisement pour vous départir des émotions négatives accumulées, lever certains malentendus, reconsidérer vos positions respectives, et in fine vous laisser une meilleure chance de renouer avec la sérénité et la sagesse retrouvées.

Mais quelles que soient les situations, demeurez toujours fermes sur vos grands principes cardinaux. En conservant cette forme d'intégrité et de constance dans l'expression de vos valeurs clés, vous préserverez ce cadre indispensable à la résolution apaisée de vos désaccords.

Loyauté, sincérité, humilité, respect et ouverture d'esprit seront autant de balises indéfectibles qui vous garderont sur la voie du compromis, dans la reconnaissance des différences plutôt que dans leur rejet aveugle. En vous rappelant que "l'autre" n'est pas votre ennemi, mais ce vis-à-vis de confiance avec qui progresser.

Tout comme cette volonté inébranlable de rester implacablement bienveillant, même dans les pires heures de contrariété. En proscrivant ces comportements malveillants ou irrespectueux qui pourraient achever de briser les derniers remparts au conflit et à la rupture.

À la fin, ce cheminement pour apaiser ces tensions relationnelles passera par cette forme de sagesse globale qui vous invitera à porter sur ces déconvenues un regard plus philosophique et serein. En acceptant que les désaccords fassent partie intégrante du cycle de vie de l'amitié, un cap naturel à négocier avec souplesse et détermination.

Mais surtout, gardez à l'esprit que c'est précisément dans ces moments de turbulence que se révélera la véritable nature de vos liens. Leur capacité à encaisser et à surmonter ces épreuves, à se régénérer depuis ces zones d'ombre, constituera la plus solide démonstration de leur authenticité et de leur solidité à long terme.

5.4- <u>Fixer des limites saines dans les relations</u>

Aux prémices de toute relation saine et équilibrée se trouve cette notion fondamentale des limites à instaurer. Bien plus qu'une simple barrière défensive à opposer de manière rigide, il s'agit d'ériger ces frontières structurantes qui définiront les contours harmonieux d'un lien préservé.

Loin des excès libertaires qui ouvrent la voie aux dérives égoïstes, tout comme des carcans étouffants générateurs de dépendances toxiques, les limites bien posées représentent ces garde-fous garants du respect mutuel indispensable à l'épanouissement de chacun.

Pour les identifier et les établir, votre premier prérequis sera de faire preuve d'une profonde introspection et d'une solide connaissance de vous-même. Un travail d'exploration patient pour cerner au plus près ces zones de confort et ces valeurs personnelles que vous ne saurez transiger sans coup férir.

De vos besoins essentiels en termes d'espaces physiques ou psychologiques, jusqu'à ces principes moraux inaliénables, ces croyances ou ces aspirations qui vous définissent dans votre singularité, dressez avec honnêteté la cartographie de ces territoires sur lesquels vous ne céderez aucun pouce de terrain.

Cette forme de lucidité sur vos propres fragilités et failles permettra aussi d'identifier ces zones d'ombre plus délicates à explorer. Celles qui dévoileront certains points de vigilance et ces signaux d'alerte révélateurs de situations devenues ingérables pour vous.

Mais ne tombez pas dans le piège de considérer vos limites comme des carcans définitifs figés dans le marbre. Au contraire, apprenez à les envisager comme ces frontières mouvantes, destinées à évoluer au même rythme que votre propre cheminement. Dans une forme de souplesse et d'adaptabilité nécessaire.

Car inévitablement, les paramètres de certaines situations évolueront, engendrant de nouveaux défis et bousculant vos équilibres précédents. Dans ces séquences de changement, vous devrez faire preuve d'une ouverture d'esprit et d'une sagacité qui vous permettront de réajuster ces limites de manière saine et réfléchie.

Pour vous guider dans ces phases délicates, prenez le réflexe de vous recentrer sur ces valeurs fondatrices et vos objectifs à plus long terme. En questionnant systématiquement ces évolutions au prisme de leur capacité à continuer de les honorer ou non. Des balises fiables qui vous éviteront les dérives contraires à votre essence profonde.

Un autre de vos garde-fous essentiels consistera à toujours veiller au respect de votre intégrité physique et mentale, quelles que soient les circonstances. En apprenant à déceler dans votre environnement ces comportements néfastes extérieurs attentatoires à votre bien-être, pour mieux les rejeter sans compromis.

De ces violences explicites aux mécanismes d'emprise plus insidieux, vous développerez ces réflexes de protection pour contrer et désamorcer ces dynamiques toxiques promptes à saper votre épanouissement, avant qu'elles ne dégénèrent en véritables traumatismes.

Si certaines limites pouvaient ainsi se montrer intransigeantes, d'autres sauraient au contraire s'exprimer avec plus de subtilité et de souplesse. Il vous reviendra alors de faire preuve de cette forme de discernement qui vous permettra de les poser avec tact, dans le respect de celles de vos relations, en les justifiant avec clarté.

Ce sera là tout l'enjeu que de parvenir à instaurer ce dialogue authentique et réciproque ouvert à l'écoute, qui favorisera la recherche de compromis et de ces zones de confort partagées, plutôt qu'un rapport de force stérile et destructeur.

Car les limites saines ne seront jamais ces murailles rigides infranchissables dont l'objet serait de se protéger à tout prix. Mais ces membranes intelligentes aux porosités ajustables, vecteurs d'un équilibre relationnel préservé dans lequel chacun pourra s'exprimer, respirer et s'épanouir en beauté.

Pour cela, vous devrez apprendre à transmettre avec assurance et sans ambiguïté ces contours définis. À faire preuve de cette forme de fermeté bienveillante qui vous permettra de les poser nettement, sans crainte de froisser ni de heurter, afin de prévenir le plus en amont possible ces mécompréhensions sources de malaise ou de conflit.

Rassurez-vous, cette démarche vertueuse de communication limpide relèvera vite de ces automatismes vertueux qui deviendront de précieux réflexes naturels pour préserver durablement l'harmonie de vos relations. Loin d'un quelconque rejet ou d'un aveu de faiblesse, ce sera la marque de votre maturité, de votre souci d'équité et du profond respect que vous accordez à ces amitiés chères.

De ce même élan, vous prendrez soin d'intégrer avec discernement ces balises posées par vos relations. Dans une forme d'acceptation ouverte et compréhensive pour embrasser ces expériences parfois inconnues, plutôt que de les rejeter par méconnaissance ou par esprit de contradiction.

En retour, sachez reconnaître avec humilité ces moments où vous aurez besoin d'ajuster votre propre cap. Quand vous sentirez ce signal d'alerte révélateur d'un franchissement involontaire de ces limites qui vous amènera sur ces territoires inconfortables. Cet appel à la remédiation respectueuse.

Dans ces instants de lucidité, apprenez à adopter cette réponse réparatrice qui rétablira les équilibres de manière posée et constructive. Par cette forme de reconnaissance apaisée de l'erreur commise, suivie de ces excuses sincères et de ces ajustements vertueux placés sous le sceau du dialogue bienveillant.

Car à défaut, le risque sera d'envenimer les situations en les refoulant aveuglément, ouvrant la voie aux reproches, aux non-dits et au ressentiment. Ces poisons lents qui mineraient irrévocablement vos amitiés, jusqu'à les faire dériver hors de ces sphères de respect et de confiance mutuelles indispensables.

Mais dans cet exercice d'équilibriste permanent, votre meilleure défense restera cet attachement indéfectible à rester profondément ancré dans la vérité. En conservant cette forme d'intégrité et de transparence qui vous conduira toujours par le chemin de l'authenticité, dans l'alignement avec vos valeurs et vos aspirations réelles.

Une forme de cohérence primordiale qui vous gardera sur cette voie vertueuse préservée des zones de compromis toxiques ou d'aménagements de la réalité, pour avancer dans la paix et la sérénité avec vous-même comme avec vos proches. Dans le respect mutuel inconditionnel et cette forme d'acceptation réjouissante des identités singulières.

5.5- Maintenir les amitiés à distance

Bien que les amitiés se construisent idéalement dans la proximité chaleureuse des interactions en présentiel, les réalités de la vie moderne vous confronteront inévitablement à ces séquences de séparation géographique temporaires ou plus pérennes. Des défis à relever avec créativité et persévérance pour entretenir ces liens précieux malgré l'éloignement.

Votre première priorité sera de conserver cette motivation indéfectible à préserver coûte que coûte ce lien amical si cher. Une forme de détermination essentielle qui vous donnera la force d'aller puiser dans vos ressources les plus profondes pour nourrir cette flamme, quelles que soient les distances à franchir.

En gardant sans cesse à l'esprit la valeur inestimable de cette relation et tous les éclats de rire, les émotions fortes et les trésors de complicité qui vous ont unis par le passé. Autant de souvenirs impérissables qui vous rappelleront à quel point ce lien représente une richesse unique à chérir coûte que coûte.

C'est porté par cette reconnaissance que vous trouverez la motivation indéfectible pour déployer ces efforts réguliers indispensables qui vous permettront de maintenir ce fil d'Ariane malgré l'éloignement. Plutôt que de le laisser se distendre dangereusement jusqu'à peut-être un jour se rompre.

Car c'est bien ce piège de la négligence progressive et de l'érosion lente qui représentera votre plus grande menace. Celui de ces laisser-aller successifs qui, à défaut d'entretien mutuel soutenu, finiront par faire dériver vos existences sur des trajectoires de plus en plus divergentes, jusqu'à l'oubli complet.

Prémunissez-vous contre ce risque en intégrant d'emblée ces rituels réguliers d'échange et de connexion qui vous permettront de conserver ce liant indéfectible. Des check-points bienfaisants qui réaffirmeront sans cesse la priorité que vous accordez à cette amitié, malgré les écueils de la distance.

En ce sens, la technologie actuelle constitue votre plus précieuse alliée pour maintenir ces connexions chaleureuses et immersives régulières. Autant de plateformes et d'outils dont vous apprendrez à tirer le meilleur parti pour transcender ces séparations avec créativité.

Plutôt que de vous cantonner aux traditionnels échanges de messages écrits ou appels ponctuels, explorez toutes les variations et expériences innovantes pour multiplier ces rendez-vous chaleureux et vivants. Des sessions de réalité virtuelle aux visios immersives à 360 degrés, en passant par le partage d'aventures en ligne sur vos jeux ou plateformes de divertissement préférées.

Autant d'opportunités pour créer ces moments de communion forte et d'émotions partagées malgré la distance physique. En apprenant à recréer ces ambiances particulières propices aux fous rires, aux confidences approfondies ou aux découvertes mutuelles.

Une forme d'investissement régulier et créatif qui dynamisera ces retrouvailles si spéciales.

Mais par-dessus tout, protégez précieusement ces espaces de connexion authentique et d'attention réciproque. En veillant à éloigner ces facteurs de bruit ou de distraction pour préserver la qualité de ces moments privilégiés. Coupez ces notifications, isolez-vous des perturbations, et offrez à ces séances votre pleine présence dans une forme d'engagement total.

Car l'un des plus grands périls à la sauvegarde de vos amitiés lointaines résiderait dans ces automatismes délétères qui tendraient à les banaliser ou à les tenir pour acquises au fil du temps. Un relâchement dommageable qui à la fin vous ferait dériver inexorablement vers ces éloignements et déconnexions insidieuses.

Pour contrer ce risque, prenez le réflexe de raviver régulièrement ces émotions positives, ces sourires et ces fous rires communicatifs qui seront comme autant de boosters énergétiques ravivant la flamme. De précieuses touches de magie qui réaffirmeront cette forme de lien unique et spécial que vous partagez envers et contre tout.

Dans cette veine, préservez également cette forme de spontanéité qui contribuera à maintenir votre relation vivante et imprévisible, à rebours des effets émoussants de la routine. Des petites surprises, des défis ludiques ou des activités inédites à partager pour apporter ces constants coups de fouet stimulants qui redonneront du pep à vos échanges.

Soyez créatifs et faites preuve d'imagination pour multiplier les formats de connexion ponctuée par ces aventures originales. Un véritable défi motivant qui vous donnera à chacun à cœur de multiplier les idées folles pour amener votre amitié sur ces territoires toujours renouvelés et stimulants.

Au cœur de ces efforts permanents, mettez un point d'honneur à célebrer avec éclat ces retrouvailles physiques lorsqu'elles se produiront. En préparant ces parenthèses avec application pour les rendre inoubliables. Des séjours, des projets communs ou de folles aventures partagées qui vous permettront de regonfler d'un seul coup ces réservoirs de souvenirs impérissables.

De véritables défis mobilisateurs qui entretiendraient également cette forme d'excitation de pouvoir se retrouver pour ces moments de pure communion privilégiée en présentiel. Une source d'énergie inépuisable qui vous permettra de surmonter avec sérénité ces longues séquences d'éloignement.

Le plus essentiel demeurera cependant cette forme d'engagement sans faille qui vous poussera à faire preuve de persévérance même dans les heures les plus ardues. Car inévitablement, vous connaîtrez ces accès de découragement, ces pertes de motivation ou ces déceptions qui vous pousseront à regarder ailleurs ou à baisser les bras.

C'est dans ces instants clés que vous devrez aller puiser au plus profond de vos ressources pour résister aux sirènes de la facilité et du repli. En trouvant le courage et la sagesse de vous extraire de ces ornières passagères pour vous remobiliser sur l'essentiel : la pérennité de ce lien d'exception.

Ce sera votre plus grande victoire que de surmonter ces moments de doute pour conserver cette perspective sur le long terme. Celle d'une amitié qui transcendera ces séparations temporaires pour continuer de briller intensément malgré tout, jusqu'à pouvoir se reformer dans toute sa splendeur et sa richesse lors des retrouvailles prochaines. Un cycle vertueux à chérir et à entretenir sans relâche.

Pour cela, cultivez aussi cette forme de confiance absolue en la solidité de vos liens, qui vous évitera de vous laisser gagner par les peurs et les doutes destructeurs. Une certitude rassurante de pouvoir avancer l'esprit apaisé dans la sérénité d'une connexion à toute épreuve. Car votre amitié aura appris à se nourrir de ce partage d'expériences distinct, pour émerger plus forte encore de ces épreuves de l'éloignement.

Et quels que soient les aléas et défis, gardez à l'esprit cette réalité indéfectible : si l'effort est souvent requis pour entretenir ces amitiés sur la durée, les récompenses et les émotions glanées seront toujours incomparables. Cette forme de richesse inestimable qui vous accompagnera tout au long de votre existence.

Car ne l'oubliez jamais, ces amitiés solides représentent bien plus que de simples relations agréables. Ce sont ces piliers indéfectibles sur lesquels vous pourrez toujours prendre appui dans les moments difficiles. Des bouées de sauvetage émotionnelles qui vous permettront de traverser les tempêtes avec la certitude de pouvoir compter sur ces présences réconfortantes et ces épaules sur lesquelles vous appuyer.

À l'inverse, elles apporteront également cette touche de lumière et ces éclats de joie purifiante pour célébrer ensemble vos plus grandes réussites et accomplissements. Des complices de cœur avec lesquels partager sans retenue ces instants de pur bonheur et de réjouissance.

Autant de liens inoxydables et vitaux qui vous permettront d'avancer dans la vie avec cette forme de sécurité intérieure apaisante. Celle de ne jamais être véritablement seul, quel que soit le chemin emprunté. Une force et une richesse intérieures incomparables qui vous suivront jusqu'à votre dernier souffle.

Alors ne ménagez aucun effort pour préserver ces amitiés précieuses, même par-delà les distances et les aléas de l'existence. Des trésors à chérir qui rendront votre parcours tellement plus lumineux et votre âme à jamais comblée.

Chapitre 6 : Bâtir un riche réseau de soutien

Au fil de votre quête pour développer ces amitiés épanouissantes, vous prendrez conscience d'un autre besoin tout aussi primordial : celui de vous entourer d'un réseau de soutien solide et fiable. Une véritable toile de confiance tissée par ces multiples connexions positives sur lesquelles vous pourrez prendre appui dans les moments clés.

Car en vérité, aussi forts et solides que puissent être ces liens amicaux privilégiés, ils ne sauraient répondre à eux seuls à l'ensemble de vos besoins. Ce riche écosystème de soutien vous apportera ces angles de vue complémentaires et ces ressources multiples indispensables pour aborder la vie sous toutes ses facettes avec sérénité.

Déployez ainsi vos efforts pour aller à la rencontre de ces personnes inspirantes, issues d'horizons divers, qui enrichiront votre parcours par leurs expériences et leurs savoirs uniques. Des conseillers éclairés, des mentors ou des modèles sur lesquels vous pourrez prendre appui pour continuellement vous réinventer et progresser.

Que ce soit dans les sphères professionnelles, personnelles ou pour ouvrir de nouveaux champs d'apprentissage, ces rencontres bienfaitrices deviendront de véritables catalyseurs de développement. Elles nourriront vos réflexions, vous amèneront sur ces chemins inexplorés et repousseront les limites de ce que vous pensiez possible.

Dans cette même veine, ouvrez grand vos horizons pour accueillir la diversité dans votre vie. En allant à la rencontre de ces personnes aux parcours et aux cultures différentes qui vous sortiront de vos zones de confort. Une forme d'ouverture d'esprit révélatrice qui, loin des jugements, vous fera grandir et progresser dans la richesse de ces perspectives inédites.

Car cette diversité des points de vue représentera l'un de vos plus grands trésors. Celui d'une vision transdisciplinaire et dépourvue d'œillères qui vous permettra d'appréhender les situations avec recul et discernement. En évitant les travers des raisonnements trop étriqués pour mieux embrasser la complexité du monde avec justesse et nuance.

Prenez également le réflexe d'intégrer dans cette sphère des personnes en qui vous aurez une entière confiance pour vous dire ces vérités parfois difficiles à entendre, mais capitales. Ces guides bienveillants qui n'hésiteront pas à vous remettre sur la voie avec ce recul et cette honnêteté dont vous aurez besoin, même lorsque vous-même en douterez.

De la même manière, accordez une place de choix à ces âmes inspirantes et bienveillantes. Celles qui, par leur attitude positive et leurs réalisations exemplaires, vous donneront l'envie d'aller toujours plus loin et vous insuffleront cette forme de courage indispensable pour ne jamais renoncer face aux défis.

Enfin, dans la construction équilibrée de votre réseau, n'omettez pas ces connexions extérieures de qualité qui vous ouvriront d'autres perspectives. Ces ponts vers d'autres univers, d'autres cultures ou d'autres idées qui vous sortiront des sentiers battus pour nourrir votre réflexion de stimulations toujours renouvelées.

Une forme de respiration essentielle pour élargir vos horizons et empêcher votre vision de se scléroser dans ces ornières réductrices. Autant de prises d'air nécessaires qui vous éviteront les enfermements et les œillères si dommageables à votre épanouissement.

Pour tisser ces liens précieux, vous devrez avant tout apprendre à faire tomber vos barrières et vos préjugés éventuels. Avec cette forme d'ouverture d'esprit bienveillante qui vous permettra de donner sa chance à chaque nouvelle rencontre et d'embrasser les différences avec enthousiasme plutôt que réticence.

Parallèlement, sachez-vous montrer disposé à apporter vous-même cette forme de soutien et de valeur ajoutée à ceux qui en auront besoin. Dans un élan généreux de partage de vos talents et de vos ressources qui contribueront à renforcer la solidité et l'authenticité de ces liens bienfaiteurs.

Car le plus grand ciment de ces connexions positives résidera dans ce principe d'échange et de réciprocité saine. Un flux équilibré d'apports mutuels par lequel vous vous enrichirez humblement les uns les autres, dans le respect et la reconnaissance de vos forces respectives.

Pour cela, apprenez à développer ces qualités d'empathie, d'écoute active et de bienveillance désintéressée. Le savoir-être qui vous permettra d'accueillir et de recevoir positivement chacun dans sa singularité, sans jugement ni volonté de modifier ou de convaincre. Une approche d'ouverture essentielle pour créer ces espaces de confiance mutuelle indispensables.

Enfin, prenez soin de nourrir ces liens dans la régularité en leur accordant l'attention qu'ils méritent. Par ces moments de qualité offerts sans retenue, ces espaces d'échange et de partage authentiques. Une forme de présence et d'engagement qui contribuera à les renforcer et à leur donner toute leur valeur de piliers sur lesquels vous pourrez sereinement prendre appui.

Car c'est bien là la véritable puissance de ce riche réseau de connexions positives : celle d'une armée de soutiens rassemblés autour de vous pour vous permettre de déployer tous vos potentiels. Une forme de tremplin inconditionnel pour avancer dans la vie en toute confiance, porté par ces courants d'énergies positives et bienveillantes. La clé d'une existence comblée est dans l'épanouissement et la réalisation de soi.

6.1- Avantages d'un réseau social diversifié

Vous l'aurez compris, bâtir ce riche écosystème de soutien représente bien plus qu'un simple objectif. C'est un impératif pour quiconque aspire à s'épanouir pleinement dans la vie. Et ce, dans toutes les sphères qui façonneront votre parcours, tant sur les plans personnels que professionnel.

En effet, la grande force de ces connexions positives résidera précisément dans leur diversité. Comme autant de prismes uniques à même d'éclairer vos zones d'ombre sous des angles inédits et complémentaires. Un kaléidoscope de ressources et de perspectives inestimables pour aborder chaque situation avec la plénitude de vision requise.

Prenons l'exemple du domaine professionnel. Vous prendrez rapidement conscience que votre réseau deviendra l'un de vos plus puissants catalyseurs de réussite et d'épanouissement dans votre carrière. Bien au-delà du simple aspect de mise en relation et d'opportunités.

Par ces multiples ouvertures, vous bénéficierez en effet de ces précieux regards experts qui vous apporteront les conseils avisés pour définir vos orientations avec justesse. Qu'il s'agisse de dessiner les contours de votre projet, d'affiner votre positionnement ou de valoriser vos compétences de manière optimale.

Ces mentors inspirants vous éviteront les faux pas et les erreurs de débutant. Tout en vous aidant à prendre ce recul nécessaire pour considérer vos situations sous leurs angles les plus pertinents. Une forme de guidage sur mesure qui accélérera grandement votre montée en puissance, quel que soit le cap choisi.

En parallèle, vous bénéficierez de ces conseils experts de spécialistes chevronnés, à même de vous transmettre ces bonnes pratiques sectorielles indispensables pour progresser sereinement sur vos domaines clés. Des filons de connaissances uniques qui vous permettront d'anticiper nombre de défis et de développer bien plus rapidement vos compétences.

Dans un registre connexe, vous pourrez vous appuyer sur ces contacts d'affaires de confiance pour bénéficier de leurs réseaux élargis. Avec cette ouverture sur des opportunités, des partenaires ou des ressources extérieures qui vous resteraient probablement autrement inaccessibles ou inconnues.

Autant de précieuses ramifications qui viendront compléter votre propre vision pour vous permettre de concrétiser vos projets sur des bases toujours plus solides et ambitieuses. Tout en vous premunissant des angles morts préjudiciables et en vous offrant ces prises d'appui indispensables pour consolider vos réalisations.

Mais cette toile d'atouts ne se limitera pas à la seule sphère professionnelle. Sur le plan personnel également, cette diversité de connexions vous apportera un appui de tout premier ordre pour cheminer avec sérénité et discernement dans la complexité des défis de la vie.

Qui mieux que ces amitiés de longue date pourront vous apporter le soutien moral indéfectible dont vous aurez besoin dans les moments de doute ou de remise en question ? Par ces rires et ces moments de dérision salvateurs, ou simplement par leur présence rassurante à vos côtés, elles resteront ces piliers indéfectibles auxquels vous pourrez vous raccrocher en toute confiance.

À leurs côtés, vous pourrez aussi prendre appui sur ces conseillers de sagesse qui vous guideront avec justesse pour faire les choix importants dans le respect de vos valeurs et aspirations fondamentales. Que ce soit sur ces questions existentielles, relationnelles, ou dans toute prise de décision sensible.

Leur extériorité et leur expertise complémentaire vous offriront ce recul sain pour poser un regard apaisé sur vos situations parfois complexes, et discerner sereinement les cours d'action les plus appropriés. Une aide précieuse pour rester concentré sur l'essentiel.

Au fil de ce partage de réflexions, ils vous encourageront également à explorer ces aspects de votre être occasionnellement négligés ou enfouis. Autant de potentiels et d'aspirations enfouis qu'ils vous aideront à découvrir, révéler et exprimer en toute plénitude.

Et quoi de plus grisant que de pouvoir compter sur ces inspirations vivantes à travers ces modèles qui, par leur simple exemple, vous insuffleront cette énergie mobilisatrice pour dépasser vos propres limites ? En admirant leurs réalisations édifiantes, vous puiserez cette forme de courage pour, à votre tour, aller au bout de vos ambitions les plus audacieuses.

Dans cette veine, ces ponts vers d'autres cultures et horizons apporteront ces bouffées d'air indispensables pour aérer vos perspectives et alimenter votre soif de découvertes. Par leurs prises de recul décalées et leurs expériences uniques, ils repousseront les limites de votre entendement pour vous amener vers ces terres inexplorées qui nourriront votre quête d'épanouissement et de sens.

Et que dire enfin de la puissance des liens tissés avec ces ardents passionnés ? Quelle que soit la discipline, du sport à la création artistique, leur flamme ardente vous insufflera cette même soif de vous dépasser sur vos propres terrains de jeu. Tout en vous aidant à convertir vos rêves les plus fous en réalités concrètes par la simple vertu de leur exemple inspirant.

Au travers de toute cette palette de rencontres bienfaitrices, vous réaliserez à quel point la diversité représente une source de richesse incomparable. Celle de ces différences qui, loin de diviser, vous apporteront ces nuances et ces contrepoints indispensables pour appréhender la complexité du monde dans toute sa profondeur.

Une forme de vision polyédrique qui vous évitera les œillères réductrices pour mieux embrasser les subtilités et les paradoxes avec sagesse. Autant de prises de recul tonifiantes qui vous aideront à cheminer plus sereinement, dans le respect des multiples dimensions qui façonnent nos expériences.

Vous comprendrez également que chacun de ces fils tissés avec authenticité constitue un levier de développement à part entière. Un tremplin unique pour déployer certaines facettes spécifiques de votre être à chaque connexion renouvelée. Révélant ainsi, pas après pas, la richesse de cette personnalité kaléidoscopique qui sommeille en vous.

Dans cette optique d'épanouissement global, votre réseau contribuera à gommer ces cloisons étriquées entre les différentes sphères de vie. Par ces interactions transversales qui vous amèneront à envisager chaque situation sous des angles pluridisciplinaires et sources d'inspirations mutuellement enrichissantes.

Ainsi, vos amitiés et réalisations personnelles s'alimenteront des expériences acquises sur les terrains professionnels et relationnels. Pendant que vos réflexions spirituelles et vos découvertes culturelles viendront simultanement nourrir vos perspectives dans tous les autres domaines. Une forme de cross fertilisation vertueuse vers un accomplissement de soi général, dans tous les aspects de votre existence.

Enfin, dans cette quête permanente de sens et de réalisation, vous réaliserez que ce précieux écosystème finira par former une véritable communauté inspirante et solidaire autour de vous. Un cercle vertueux rempli de bienveillance et de soutien mutuel où chacun trouvera ces sources d'énergie positive pour cheminer dans la vie avec sérénité.

Une tribu de cœur qui vous apportera ce réconfort incomparable de ne jamais être véritablement seul dans les moments charnières. Ce cocon apaisant et protecteur au sein duquel vous pourrez puiser ces forces vives pour traverser les obstacles avec courage et persévérance.

Car ne l'oubliez pas, aussi experts et inspirants que puissent être les membres de votre réseau, leur impact se révélera décuplé par cet ingrédient essentiel : l'authenticité des liens qui vous uniront. Seule cette fibre de l'âme, tissée dans le partage, la bienveillance mutuelle et le respect des différences, permettra de créer ces connexions profondes et durables.

Celles qui, au-delà des simples échanges ponctuels, laisseront une empreinte indélébile sur votre parcours. Ces attaches inoxydables qui vous permettront de cheminer dans la vie avec la certitude apaisante d'être entouré, épaulé et encouragé par une véritable communauté de cœur prête à se mobiliser à vos côtés.

Bien plus qu'une simple juxtaposition d'intérêts individuels, cette toile relationnelle vertueuse reflétera ces valeurs de générosité, d'entraide, de tolérance et d'ouverture d'esprit dans lesquelles chacun trouvera naturellement sa place, son rôle et son importance. Un terreau d'élévation mutuelle où chaque membre pourra librement exprimer le meilleur de lui-même sans crainte du jugement.

Dans cette dynamique d'enrichissement réciproque, les forces et les faiblesses de tous seront non seulement acceptées, mais chaleureusement accueillies et valorisées. Selon cette philosophie, la complémentarité représente la véritable clé de la puissance et de l'élévation collectives vers un idéal d'accomplissement partagé.

C'est au prix de cet investissement sincère et désintéressé que vous scellerez ces liens sacrés. Ceux qui, au fil du temps et des épreuves traversées ensemble, se muèrent en une forme d'alchimie indéfectible, à la solidité de béton et aux ramifications insoupçonnées.

Alors, partout où le destin vous mènera, dans les joies comme dans les peines, vous saurez pouvoir compter sur ce solide réseau pour veiller sur vous et vous épauler. Une forme d'investissement vertueux qui fera de chaque lien une source de réconfort, de partage et d'émerveillement mutuel.

Quel bonheur en effet que de savoir pouvoir vous appuyer sur ces âmes inspirantes, prêtes à célébrer vos succès comme à vous relever dans les moments d'adversité. Ces présences rassurantes qui sauront, avec les mots justes, vous aider à prendre le recul nécessaire et à maintenir le cap, même dans les tempêtes les plus violentes.

Car telle est la grande force de cette communauté soudée : elle restera cette forme de phare apaisant, brillant de mille feux pour vous guider sur les chemins escarpés et vous ramener vers les rivages de la sérénité lorsque les flots de la vie vous en écarteront un temps.

Alors, chérissez ces liens inestimables, fruit de vos efforts les plus sincères. Cultivez-les dans la régularité, sans retenue ni calcul. Par ces temps de présence, d'écoute active et d'attention portée à leurs moindres soubresauts. Une disposition d'esprit qui vous permettra de conserver leur fraîcheur et leur vitalité dans la durée.

Accordez-leur le respect qu'ils méritent dans la reconnaissance de leurs beautés comme de leurs imperfections. Et surtout, n'ayez de cesse de les nourrir de cette bienveillance fondamentale qui demeurera le terreau sur lequel ils s'épanouiront avec le plus de vigueur.

Car c'est bien là que résidera la quintessence de ce trésor de liens solides et vertueux : cette forme d'acceptation et de valorisation inconditionnelle des uns par les autres. Comme un mantra inspirant à célébrer et à cultiver pour que votre tribu de cœur reste à jamais ce havre de paix, d'amour et d'harmonie avancée dans lequel chacun pourra s'épanouir pleinement.

Qui plus est, cet écosystème n'aura de cesse de se régénérer et de croître au fil des rencontres. Telle une forêt vivace perpétuellement renouvelée et enrichie par cette diversité de créatures qui viendront y élire domicile pour lui insuffler leurs couleurs et leurs chants uniques.

Alors peu importe les défis et les épreuves que vous réserve l'avenir. Forts de ces attaches indéfectibles et des ressources insoupçonnées qu'elles recèlent, vous saurez les relever avec la sérénité de celui qui sait pouvoir compter sur le soutien d'une généreuse communauté. Une forme de connectivité cosmique avec ces Lumières bienveillantes prêtes à illuminer à jamais votre chemin, pour que plus rien ne puisse entraver votre quête d'épanouissement.

6.2- Intégrer les amis dans la vie familiale/professionnelle

Vous l'aurez compris, se constituer un riche réseau de soutien représente bien plus qu'un simple exercice de mise en relation. C'est un investissement sur le long terme qui vous accompagnera dans tous les aspects de votre existence. Pour cette raison, vous devrez apprendre à intégrer harmonieusement ces différentes sphères relationnelles dans un équilibre vertueux.

Car en vérité, aussi épanouissantes que puissent être ces diverses connexions, elles ne sauraient exister en vase clos sans risquer de se fragiliser ou de s'étouffer sous le poids des cloisonnements. Une forme d'entre-soi étriquée et délétère qui finirait par altérer la richesse et la complémentarité même de ces liens pourtant si précieux.

C'est pourquoi il vous faudra faire preuve de doigté et d'ouverture pour apprendre à conjuguer avec sagesse ces différentes dimensions dans un même écosystème global d'épanouissement. En veillant à ce que chacune d'entre elles puisse sereinement coexister, se nourrir et s'enrichir mutuellement, dans le respect de leurs singularités.

En maîtrisant cet art de vivre en pleine conscience de leurs interconnexions vertueuses, vous ferez de votre parcours une expérience pleine et entière, exempte de ces scissions dommageables qui minent tant de vies par leurs effets de fragmentations insidieux.

Une vision globale, holistique, source d'équilibre et d'accomplissement intégral.

Prenons en premier lieu cette relation fusionnelle à votre famille, ce noyau originel qui représentera toujours l'une de vos racines les plus fondamentales. Pour cheminer sereinement, vous devrez veiller à créer ces espaces privilégiés de connexion sacrée où votre tribu de cœur trouvera cette forme de réconfort et d'épanouissement unique.

Que ce soit lors de ces moments de complicité ludique et de détente partagée où vous pourrez vous ressourcer et recharger vos batteries affectives. Ou bien dans ces instants d'écoute mutuelle et de transmission, où vous apprendrez à valoriser ces histoires et ces enseignements qui ont façonné votre identité. Autant de respirations essentielles pour entretenir la flamme de ces premiers liens inaliénables.

Parallèlement, vous devrez aussi créer cet écrin protecteur au sein duquel vous accueillerez vos amis les plus chers avec chaleur et simplicité. En veillant à ce que ces présences complémentaires puissent s'intégrer en toute fluidité au cocon familial, sans chocs ni heurts de priorités contrariées.

Pour ce faire, favorisez ces moments de partage, d'ouverture et de connexion au cours desquels vous permettrez à chacun d'apprécier la richesse des uns et des autres dans un même élan de découverte et de respect mutuel des différences. En évitant soigneusement toute forme de jugement et de comparaisons improductives.

Une approche de mêlée des saveurs qui vous permettra de convertir ces rencontres en de véritables célébrations enrichissantes pour tous. Des occasions de s'émerveiller des multiples facettes présentes et d'en retirer ces prises de recul inestimables, exemptes d'œillères réductrices.

Sur le plan professionnel ensuite, vous réaliserez rapidement que la réussite ne saurait être un chemin solitaire. Dans cette quête permanente d'excellence, vous aurez indéniablement besoin de vous entourer de ces forces vives complémentaires que représenteront vos liens amicaux.

Bien plus que de simples connexions collatérales, ces amitiés solides constitueront vos adjoints de confiance pour cheminer avec la juste dose d'équilibre et de recul indispensables. Que ce soit au travers de leurs conseils avisés, de leurs encouragements ou des coups de semonce bienveillants quand les circonstances l'exigeront.

Dans cette optique, réservez-leur une place de choix dans votre écosystème en leur permettant d'interagir en pleine transparence avec cet univers dans lequel vous évoluerez avec passion. Expliquez-leur vos enjeux, vos défis et vos aspirations, afin qu'ils aient toute la plénitude d'information pour vous apporter ce regard d'extériorité éclairé et constructif.

En contrepartie, autorisez-les à pénétrer sereinement cet espace de manière occasionnelle et contrôlée. Que ce soit pour les inclure ponctuellement dans des rencontres ou des événements clés. Ou simplement, pour permettre à ce lien de se nourrir dans ces instants d'échanges et d'expériences concrètes qui lui apporteront toute sa dimension vivante et incarnée.

Bien que subtile, cette forme d'intégration aura une importance capitale, car elle alimentera cette forme de soutien agissant que seule la construction d'une véritable connaissance partagée et incarnée peut apporter. Loin des regards en silos, des jugements hâtifs ou des projections erronées qui demeurent les plaies de tant de relations.

Ainsi, vos proches apprendront à se représenter les défis avec authenticité, dans toute leur complexité. Ils connaîtront vos forces et vos fragilités en immersion, sans filtre. Une pleine conscience de qui vous êtes et de votre écosystème est à même de leur permettre d'être pleinement présents quand vous en aurez le plus besoin.

Vous pourrez alors leur accorder cette totale confiance pour les intégrer en pleine connaissance de cause dans vos sujets d'importance. Avec la certitude qu'ils sauront écarter les fausses routes improductives pour vous apporter leurs éclairages avisés dans le respect de vos réalités.

Cette approche vertueuse vous permettra également de rester en phase avec leurs propres réalités et de bénéficier en retour de leurs propres éclairages pour aborder vos situations avec un prisme régulièrement enrichi. Une forme de fertilisation mutuelle qui dynamisera vos réflexions et vous gardera connectés avec la pluralité des perspectives à considérer.

Dans ce même esprit d'ouverture, n'ayez pas peur d'intégrer constamment vos connexions dans cet écosystème professionnel de manière ponctuelle. Que ce soit dans le cadre de relations fructueuses, de réunions d'importance ou de simples moments de convivialité entre équipes. Autant d'opportunités de laisser s'exprimer la richesse de leurs regards dans des instants choisis.

Vous réaliserez alors que ces plongées dans l'inconnu seront en réalité de formidables leviers d'inspiration mutuelle. En vous extrayant un temps de vos routines, elles vous permettront de recharger vos batteries créatives et d'embrasser vos missions avec un œil nouveau nourri de ces perspectives résolument alternatives.

Inversement, l'immersion momentanée de vos amis dans ce théâtre d'activité constituera pour eux un puissant vecteur de compréhension. En appréhendant de l'intérieur vos environnements, vos codes et vos challenges spécifiques, ils pourront pleinement s'imprégner de ces réalités uniques et réinterroger leurs prismes avec plus de justesse.

Mais surtout, ayez conscience que cette forme d'intégration réciproque constituera un investissement de tout premier ordre pour solidifier et pérenniser la confiance de vos liens. En apprenant ainsi à réellement se connaître dans leurs vérités singulières, vos rapports n'auront plus à souffrir de ces failles dommageables que sont les incompréhensions, les jugements hâtifs et les interprétations erronées.

Au contraire, cette transparence assumée et cultivée sera le terreau fertile sur lequel se construiront des connexions empreintes d'une profonde authenticité. Une intelligence relationnelle où chacun, dans le respect absolu de l'autre, pourra exprimer ses réalités sans détours ni fard. Avec l'assurance de se savoir écouté, considéré et soutenu sans conditions dans toutes ses dimensions.

Au fil du temps, cette dynamique vertueuse de partage et de compréhension mutuelle créera une véritable zone de confiance béante au sein de laquelle vos liens pourront s'épanouir pleinement, sans crainte d'être malmenés ou dénaturés. Une forme de cocon protecteur, de havre de paix relationnelle préservée des vents acérés du rejet et de l'incompréhension.

Rassurés par ce socle de connaissances mutuellement alimenté, vous pourrez alors cheminer ensemble dans la vie avec une paisible assurance. Celle de savoir pouvoir compter sur ce soutien inconditionnel de compagnons de route véritablement impliqués dans votre quotidien avec générosité et réalisme.

Qui plus est, ces échanges croisés favoriseront une forme de renaissance perpétuelle des liens en leur insufflant sans cesse ces bouffées d'air revigorantes. Loin de tout enfermement dans une relation figée, ces ouvertures sur d'autres réalités, d'autres perspectives et d'autres vécus viendront régulièrement recharger leur vitalité d'une source inépuisable de surprise et de découverte.

Vos rapports garderont ainsi toute leur fraîcheur, alimentés par ces apports mutuellement enrichissants qui les mettront continuellement au défi de dépasser leurs limites actuelles. Une forme de gymnastique relationnelle stimulante qui vous poussera à toujours aller de l'avant dans votre quête de compréhension et d'élévation réciproque.

Dans cette dynamique vertueuse, vous finirez également par apprendre à vous affranchir de ces barrières étriquées qui tendent trop souvent à compartimenter nos vies. Par la grâce de ces circulations transversales, vous décloisonnerez naturellement vos différentes sphères pour mieux les relier dans un même écosystème d'épanouissement global et interconnecté.

Alors, peu à peu, ces connexions précieuses s'imprégneront indissociablement de toutes les fibres de votre être. Vos amis seront partis de vos réussites professionnelles comme de vos interrogations existentielles. Tout comme votre famille fera corps avec vos réalisations amicales comme avec vos élans créatifs ou sportifs.

Cette symbiose constituera la clé d'une forme d'accomplissement intégral, où plus rien ne viendra cloisonner les différents aspects de votre parcours dans des réalités déconnectées et désincarnées les unes des autres. Chacune de ces dimensions existentielles trouvera ainsi sa pleine place, reliée aux autres dans un cycle vertueux d'enrichissement mutuel.

Dans ce même élan, l'acte de célébration et de reconnaissance deviendra lui-même un vecteur d'intégration des liens. Qu'il s'agisse de valoriser mutuellement les réalisations des uns et des autres ou de simplement se réjouir du chemin parcouru ensemble, faites de ces instants des moments privilégiés durant lesquels vous concrétiserez cette appartenance à une même communauté de cœur.

En apprenant ainsi à reconnaître et à exalter la quintessence de ces connexions uniques dans ce qu'elles vous apportent au plus profond de vous-même, vous leur rendrez leur véritable substance d'épanouissement. Comme une boucle vertueuse où les célébrations alimenteront la vitalité des liens, lesquels nourriront à leur tour ces fabuleuses réalisations à mettre à l'honneur.

En dernier lieu, cette forme d'intégration harmonieuse vous permettra de tisser une véritable toile relationnelle vertueuse, dans laquelle amis, famille et réalisations diverses se nourriront mutuellement dans un même élan d'élévation globale. Un accomplissement au sein duquel chacune de ces dimensions contribuera à l'expansion des autres, au sein d'un cycle vertueux d'enrichissement permanent.

Ainsi, c'est dans cette ouverture au monde, dans l'acceptation absolue des différences et des spécificités de chacun que vous trouverez le secret pour faire de votre quête de liens authentiques une véritable réussite. Un merveilleux patchwork de vies reliées dans le respect, la tolérance et le soutien mutuel inconditionnel. Un écrin d'amour dans lequel vous pourrez cheminer sereinement sur le chemin d'un épanouissement intégral.

6.3- Équilibrer anciennes et nouvelles amitiés

À mesure que votre chemin de vie se déploiera, vous réaliserez que la création et l'entretien d'un riche réseau d'amitiés solides représentent un défi de tous les instants. Un exercice d'équilibriste permanent pour conjuguer avec sagesse l'héritage de vos liens historiques avec l'ouverture régulière aux nouvelles rencontres.

Car si les attaches de longue date constituent ces racines profondes qui vous ancreront toujours dans une forme de sécurité intérieure indispensable, l'apport de ces connexions inédites restera tout aussi crucial. Elles viendront insuffler ces souffles de renouveau, ces remises en perspective stimulantes qui vous permettront d'appréhender le monde dans toute sa richesse et sa diversité.

Trouver la juste harmonie entre ces deux pôles représentera donc un enjeu majeur pour que votre écosystème relationnel demeure en perpétuelle vitalité. Loin de toute forme de sclérose délétère, celui-ci devra sans cesse pouvoir se renouveler tout en préservant son authenticité et sa profondeur.

Une quête d'équilibre ô combien subtile mais indispensable pour faire de vos connexions cette source d'accomplissement si précieuse tout au long des différentes étapes de votre existence.

D'un côté donc, vos liens les plus ancrés constitueront ces piliers solides et fiables sur lesquels vous pourrez toujours compter aveuglément aux heures les plus cruciales. Ces présences rassurantes qui vous accompagneront indéfectiblement sur le chemin de vie, portant en elles la mémoire de votre histoire commune et de votre cheminement respectif.

Elles seront le terreau des complicités les plus profondes, de ces connivences à la fois naturelles et mystérieuses, fruit d'expériences partagées dans les joies comme dans les peines. De ces non-dits et de ces silences aussi éloquents que les mots les plus ciselés.

De ces attaches indéfectibles naîtra cette forme d'indulgence absolue, de pardon inconditionnel au cœur duquel vous saurez toujours trouver le réconfort d'être acceptés tels que vous êtes dans vos beautés comme dans vos imperfections.

Sans jugement, ni aigreurs persistantes, ces liens vous offriront cette plénitude de se savoir profondément aimés et soutenus, quelles que puissent être les épreuves. Un trait d'union vers ces parts les plus enfouies de vous-même, que seuls ceux qui vous ont vu grandir pourront pleinement saisir.

À n'en pas douter, ces amis de toujours occuperont toujours une place centrale, inaliénable dans votre vie. Malgré la distance et les carrières qui pourraient vous éloigner parfois des années durant, rien ne saurait effriter cette connaissance mutuelle forgée au fil du temps.

Comme une flamme sacrée qui se raviverait instantanément à chaque retrouvaille, dans cette incandescence de connivences impérissables. Une capacité inouïe de renouer aussi facilement que s'il ne s'était rien passé avec ces liens indéfectibles, intacts malgré les vicissitudes de l'existence.

De l'autre côté cependant, les nouvelles rencontres vous apporteront ce souffle d'air perpétuellement indispensable à tout renouvellement. Loin des schémas acquis et des automatismes potentiellement étouffants, elles viendront réveiller votre curiosité, stimuler votre esprit d'ouverture et vous confronter à l'altérité dans tout ce qu'elle a de fécond et d'enrichissant.

Chaque nouvelle connexion sera une opportunité unique d'appréhender la vie à travers un prisme inédit, débarrassé des prismes déformants et réducteurs dans lesquels nous avons trop souvent tendance à nous installer. Une fenêtre de fraîcheur pour redécouvrir le monde avec des yeux neufs.

Quel bonheur en effet que celui de pouvoir, sans cesse, ouvrir son cœur à ces personnalités uniques qui viendront bousculer vos certitudes et percuter vos zones d'aveuglement. Consciemment ou non, ces nouveaux entrants vous forceront toujours à déjouer vos automatismes, que ce soit dans votre façon de penser ou d'interagir.

En venant sans préavis se heurter à vos fondations et interroger vos manières d'être, ils vous contraindront à réinterroger avec humilité ce que vous aviez fini par considérer comme des vérités acquises. Une forme de sursaut rédempteur pour garder votre esprit en perpétuelle émulation et ne jamais le laisser s'assécher dans la croyance étriquée que vous n'en savez jamais assez.

Ainsi, sous l'impulsion de ces forces de renouveau, vous apprendrez à remettre sans cesse sur le métier l'ouvrage de votre compréhension du monde et de vous-même. Dans une dynamique saine, propice aux dépassements de soi et aux remises en question.

Car c'est bien là que résidera l'un des grands paradoxes de la vie : arriver à entretenir cette soif perpétuelle d'ouverture et de découverte, tout en préservant l'intégrité des racines qui vous auront permis d'éclore et de grandir. La difficulté sera de concilier la fidélité à votre essence avec la nécessité de laisser votre être se transformer sans cesse au gré de ces révélations continuelles.

Un exercice d'équilibriste subtil qui vous demandera une forme de vigilance de tous les instants pour ne jamais perdre pied. Tout en restant profondément vous-même, il vous faudra faire montre d'une grande capacité d'adaptation pour intégrer avec souplesse ces apports perpétuellement renouvelés.

La tentation pourrait être grande en effet de vouloir vous accrocher désespérément à ces schémas rassurants hérités de vos amis de longue date. De vous lover dans cette forme de confort existentiel faite de certitudes et de principes inoxydables.

Pourtant, vous prendrez conscience que c'est bien là que réside le piège fatal du repli sur soi et du refus de l'altérité. Un chemin qui mène inéluctablement à une forme d'ossification et d'étouffement dévastateurs pour tout esprit avide de croissance.

À l'inverse, le déracinement total pour une plongée sans garde-fou dans l'inédit sera tout aussi périlleux. Rien ne serait en effet plus destructeur que d'oublier d'où vous venez au risque de vous perdre dans cette errance permanente et de vous dissoudre dans l'anonymat des vents contraires.

Il vous faudra donc faire preuve de cette sagesse insondable qui consiste à créer cette forme d'oscillation vertueuse, de mouvement harmonieux entre l'héritage et le renouveau. Accepter de vous laisser bousculer et surprendre par ces perspectives inédites, mais sans jamais oublier d'où vous ne venez ni d'où vous parlez.

Dans cette optique, veillez à toujours maintenir intacts ces liens indéfectibles avec ces présences rassurantes qui vous ont vu naître et vous ont façonné dans votre chair. Cultivez sans relâche cette gratitude et ce respect inconditionnel envers ces êtres chers, véritables piliers de l'édifice que vous avez bâti.

Protégez ces espaces de connexion intimes où vous saurez toujours pouvoir retrouver ce refuge et cette légitimité plénière d'être vous-même sans détours. Cet écrin dans lequel vous pourrez reconstituer vos forces sans calcul ni fausse pudeur quand les épreuves l'exigeront.

Parallèlement cependant, demeurez insatiablement curieux et ouvert à ces nouveaux entrants venus bouleverser vos certitudes et bousculer votre train-train. Acceptez de les accueillir dans votre vie comme autant d'opportunités de croissance, sans arrière-pensée.

Laissez-les avec respect et fascination pénétrer les arcanes de votre intimité, vous contraindre à réinterroger vos postulats de vie et bousculer les lignes de votre rapport au monde. Soyez disposé à leur offrir l'entièreté de votre attention, et à les considérer vraiment, même lorsque leurs vérités heurtent vos idées reçues.

Dans un élan d'ouverture totale, apprenez à écouter les leurs, à pénétrer leurs récits et à saisir les soubresauts de leurs parcours de vie. Avec abnégation et bienveillance, vivez leurs combats comme s'ils étaient les vôtres et acceptez d'être transformés au plus profond de vous par leurs grâces insoupçonnées.

Au fil de cette traversée initiatique, vous vous découvrirez capable d'accomplir ce tour de force ô combien précieux : concilier l'intégrité de vos fondations avec l'acceptation de leur perpétuelle remise en question. D'allier le respect de vos origines avec la nécessaire évolution qu'impose toute vie.

Vos anciennes amitiés trouveront ce point d'équilibre salvateur entre la légitimité de constituer vos digues protectrices et la nécessité de ne jamais vous ériger en remparts cadenassés. Tandis que les plus récentes seront la source d'un renouvellement permanent, aussi sain qu'indispensable.

De leur étreinte réciproque, jaillira alors cette plénitude d'une vie embrassée dans sa globalité, exempte de toute fragilisation mortifère. Un écosystème fluide et dynamique, où stabilité et perpétuel dépassement s'équilibreront harmonieusement dans un même élan d'accomplissement.

6.4- <u>Surmonter les transitions de vie majeures</u>

Les chemins de vie sont jalonnés de ces moments charnières, de ces bifurcations cruciales qui nous propulsent sur des trajectoires inédites. Changements de situation, remises en question profondes, deuils douloureux... Autant d'épreuves génératrices de cassures majeures qui viennent ébranler notre équilibre jusque dans ses fondations.

Dans ces phases de turbulences intenses, la solidité de nos liens sera plus que jamais déterminante pour traverser ces caps avec la sérénité et la force intérieure nécessaires. Plus que de simples soutiens psychologiques, les amours qui vous entourent deviendront alors de véritables bouées de sauvetage existentielles.

Face à ces vents de remise en cause qui risquent de vous déstabiliser jusque dans vos tréfonds, leur présence indéfectible constituera le goujon d'ancrage indispensable pour ne pas vous laisser dériver vers les affres de la dépression ou du renoncement. En leur sein, vous puiserez les ressources vitales pour affronter ces ruptures dans ce qu'elles ont de plus déstabilisant.

Tout d'abord, ces amitiés sincères et sans failles vous apporteront ce réconfort d'être pleinement aimé et accepté, quels que puissent être les soubresauts de votre parcours. Une forme d'amour inconditionnel dont la puissance se révélera être un rempart d'une valeur inestimable contre toute velléité de repli sur soi ou de dévalorisation personnelle.

Car c'est bien là que réside le piège le plus insidieux de ces phases de remise en cause radicale. Dans la confusion générée, combinée à la souffrance des deuils à affronter, le doute et le sentiment d'impuissance peuvent vite miner votre estime de vous-même et votre motivation à avancer.

Lorsque ces voix intérieures délétères se mettront à vous ausculter sans répit, semant le trouble dans votre esprit, vos amitiés seront là pour vous rappeler avec constance l'étendue de votre valeur propre. À travers leur prisme plein d'empathie, elles sauront lire l'intégrité de votre être et vous renvoyer cette image réconfortante de votre grandeur d'âme, quand vous-même aurez perdu la capacité à vous voir sous cet angle.

Avec une bienveillance sans faille, ils vous réaffirmeront cette certitude fondamentale que, malgré les affres et les peines, votre parcours recèle une beauté singulière qui force le respect. Par leur foi inébranlable en vous, ils deviendront les vigies vigilantes qui vous empêcheront d'être englouti par ces dangereuses aigres-douces du repli sur soi ou de l'apitoiement contreproductif.

Encore plus essentiellement, cette insondable présence amicale vous offrira ce havre de stabilité structurante qui fera office de phare dans la tempête. Quand les vents de la déstabilisation vous pousseront dans cette inconfortable zone de flottement identitaire, leur proximité vous rappellera avec constance qui vous êtes dans votre quintessence.

Par leur regard pétri de souvenirs et d'expériences communs, ils sauront voir au-delà du masque brouillé que vous risquerez de renvoyer à cette période de votre vie. Ils continueront à reconnaître en vous ces traits de personnalité qui ont si durablement forgé votre identité, malgré les voiles superficiels que les troubles passés auront pu y accrocher.

Ce lien inaltérable avec votre moi profond constituera une ancre salvatrice à chaque fois que vous serez tentés par le sentiment déstabilisant d'avoir perdu votre chemin et votre raison d'être. En vous rappelant inlassablement ces piliers fermes qui sous-tendent votre construction personnelle, ces amis vous réinsuffleront la force intérieure pour ne pas lâcher prise et pour tenir le cap.

Par leur entière prise en compte de votre vécu pluridimensionnel, ils vous aideront à ne pas vous figer dans l'approche trop restrictive d'une stricte définition de vous-même à travers le prisme exclusif du deuil ou de la crise actuelle. Ils vous inciteront à élargir la perspective et à vous appréhender de manière globale, dans l'intégralité de votre parcours et de votre potentiel en devenir.

Enfin, et de manière décisive, ces présences bienveillantes métamorphoseront ces épreuves en autant d'opportunités de transformation et de dépassement de vous-même. En les traversant à leurs côtés, vous apprendrez à dompter ces phases chaotiques plutôt que de les subir dans la confusion et la peur.

Par la grâce de leur soutien indéfectible, vous découvrirez que ces ruptures peuvent devenir de formidables tremplins pour vous réinventer, pour tirer les leçons de ce que la vie a cherché à vous enseigner. De douloureuses cicatrices se métamorphoseront alors en signatures d'une impressionnante capacité de résilience.

Au contact de ces amours épurés, vous comprendrez que ces transitions sont bien souvent les eldorados insoupçonnés d'une remise en cause salvatrice. Les voies initiées d'un changement de cap indispensable pour que votre vie ne s'enlise pas dans une forme d'immobilisme étouffant.

À leurs côtés, vous apprendrez à apprivoiser ces ruptures, non plus comme des chocs subis de plein fouet, mais comme des épreuves à traverser avec philosophie et sagesse. Des séismes existentiels à accueillir avec l'humilité de celui qui sait que le véritable défi réside dans la façon d'affronter ces vents contraires plutôt que de les fuir.

Grâce à leurs éclairages précieux, vous réaliserez que ces crises viennent fréquemment bousculer nos zones d'aveuglement pour mieux nous révéler nos angles morts et nos insuffisances. Comme une forme de rappel à l'ordre bienveillant de l'existence pour nous inciter à questionner nos postures et à réajuster le tir de notre cheminement.

Vos amis seront là pour vous guider dans cette exploration des tréfonds recelés sous la surface des événements. Pour vous aider à déchiffrer les messages symboliques et les appels à approfondir certains aspects de votre être que ces troubles auront fait sourdre.

À leur contact, vous cultiverez cette alchimie précieuse qui transforme l'épreuve en enseignement, la peine en renaissance. Cet art de transmuter la souffrance pour en extraire la substantifique moelle et en faire le carburant d'une reconstruction de soi plus alignée et épanouie.

Aimants infatigables, ils vous inciteront aussi à prendre le recul nécessaire pour comprendre que ces séquences déstabilisantes sont loin d'être des événements isolés. Ils vous aideront à les resituer dans la trame globale de votre trajectoire, pour en saisir toute la portée initiatique sur le chemin déjà parcouru mais aussi sur celui qu'il vous restera à emprunter.

Avec leur aide, vous décrypterez ces ruptures comme les prémices de l'avènement d'un nouveau chapitre de vie, qui viendra se greffer en pleine cohérence avec les leçons de la période précédente. Un nouveau départ, certes, mais dans la parfaite continuité de ce que vous aurez engrangé pour rayonner différemment à l'avenir.

Ainsi, à leur contact, vous découvrirez l'art de prendre ces virages sans chercher à en éluder la réalité. Bien au contraire, vous apprendrez à les épouser dans leur intensité pour ne pas passer à côté des innombrables remises en perspective qu'ils peuvent vous offrir, dans une démarche progressiste d'évolution personnelle.

Dans leurs bras fraternels, ces étapes vous apparaîtront alors comme de formidables opportunités de transmutation. Des séquences charnières pour réinventer votre vision des choses, ajuster votre trajectoire et, in fine, renaître plus grand et plus fort que jamais, pleinement régénéré.

Au sortir de ces épreuves, vous réaliserez avec plénitude avoir gagné en maturité et en discernement. D'avoir bénéficié du plus merveilleux des accouchements pour donner naissance à une version de vous-même plus épurée, plus consciente d'elle-même et de son accomplissement à venir.

C'est ainsi, porté par ces amitiés inconditionnelles que vous franchirez en beauté ces transitions pourtant si déstabilisantes. Loin de vous laisser submerger par leurs flots tumultueux, vous apprendrez à les dompter pour vous élever au-dessus d'elles, grandis et métamorphosés.

Vos liens seront ces cordes de rappel vous maintenant dans la lumière, guidant vos premiers pas vacillants sur les sentiers de ce nouveau départ. De fidèles nautoniers vous permettant d'atteindre la rive opposée en un seul tenant, aguerris par le fleuve traversé mais la tête haute, prêts à établir un nouveau camp de base pour vos prochaines conquêtes.

Au final, ces amitiés indéfectibles vous auront appris que ces périodes de remise en cause représentent bien plus que de simples crevasses sur nos chemins de vie. Au contraire, elles en sont les étapes initiatrices, les purgatoires salvateurs que nous nous devons d'accueillir avec humilité et volonté de transformation.

Car c'est là, dans ces espaces de vulnérabilité totale, que se jouera toujours votre capacité à cheminer vers un accomplissement global et épanoui. En embrassant ces moments de crise plutôt qu'en les fuyants, vous leur redonnerez leur dimension libératrice pour devenir ces catalyseurs d'une incroyable poussée de croissance intérieure, et pour vous permettre d'atteindre de nouveaux sommets de réalisation personnelle.

6.5- Être un ami attentionné et soutenant

Être un ami véritable ne se résume pas seulement à une présence épisodique dans les moments de célébration et d'insouciance. C'est un engagement de tous les instants, un rôle à endosser avec toute la noblesse et la générosité d'âme qu'il exige.

Car une amitié sincère et durable implique de se tenir aux côtés de l'autre à chaque étape du chemin, dans l'adversité comme dans la liesse, pour l'accompagner, le soutenir à transcender ses fragilités. Un parcours d'abnégation sur la voie de l'inconditionnalité, celui d'une bienveillance à toute épreuve, qui oblige un investissement sans faille.

Dès lors, l'ami attentionné et soutenant devra cultiver ces deux dimensions complémentaires pour se montrer à la hauteur de sa mission : une forme de sollicitude constante dans la durée, doublée d'une capacité mobilisatrice déterminante aux heures cruciales.

Dans un premier temps, être véritablement présent pour son ami impliquera de développer une forme d'attention de tous les instants à la trame de sa vie, de son ressenti et de ses états d'âme successifs. Un art délicat de l'écoute empathique, d'une observation bienveillante et dénuée de tout jugement.

Il vous faudra apprendre à appréhender votre ami dans sa globalité, sa complexité et sa richesse intrinsèque. L'accueillir dans son entièreté, avec autant de considération pour ses forces que pour ses fragilités, ses lumières que ses zones d'ombre. L'aimer inconditionnellement pour ce qu'il est au plus profond de lui-même, au-delà des masques de surface qu'il pourra revêtir à certains moments.

Votre mission consistera à saisir avec une infinie patience et délicatesse cet être dans son authentique vérité, à travers le prisme de son vécu, de son histoire, de son ressenti émotionnel le plus profond. L'écouter avec une entière disponibilité d'esprit, laisser résonner le flot de ses paroles et de ses silences dans votre être, avec le seul objectif de le comprendre et de le rejoindre là où il se trouve dans son cheminement.

Au fil du temps, vous développerez cette forme de radar infaillible vous permettant de déceler ses moindres souffrances et fêlures avant même qu'il ne les exprime. Votre vigilance décuplée saura lire au plus juste ses humeurs, les signaux de ses angoisses ou des blessures secrètes qui l'accablent.

Et lorsque ces phases d'ombre pointeront, vous saurez instantanément vous montrer disponible et réactif, présent à ses côtés dans un pur élan de solidarité fraternelle. Sans attendre son appel, vous prendrez naturellement l'initiative de l'approcher pour l'écouter, le réconforter et l'exhorter à la résilience avec la plus parfaite des sincérités

Parallèlement, vous apprendrez à apprécier avec une égale considération les moments de plénitude et d'épanouissement qui émailleront son parcours. Ces tremplins de joie, de réalisations et de fierté légitime que vous saurez célébrer avec autant d'enthousiasme que s'ils étaient les vôtres.

Loin de toute once d'envie ou de jalousie stérile, vous vivrez ses bonheurs comme par procuration, avec cette plénitude de celui qui sait transmuter son ego pour se réjouir du succès d'autrui. Une forme d'alignement total et de compréhension de la destinée de votre ami au point que ses accomplissements vous combleront autant que s'ils étaient les vôtres.

Cette capacité vous permettra en retour de développer pour lui cette empathie sans faille. Ce lien charnel qui vous donnera l'impression de ressentir dans votre chair ses propres espoirs, peurs et émotions. Un état d'osmose de cœur et d'esprit qui vous rendra pleinement apte à le rejoindre et à l'accompagner avec justesse sur le chemin emprunté sans jamais le juger.

Mais l'ami attentionné devra aller plus loin encore que cette simple écoute compatissante. Il devra aussi endosser ce costume de veilleur, de sentinelle mobilisée aux heures les plus décisives. Car présence et vigilance bienveillantes ne pourront suffire s'il n'y a par ailleurs cette volonté inébranlable de protéger quand les vents deviendront trop violents.

Lorsque les tempêtes de la vie submergeront votre ami de leurs flots dévastateurs, vous saurez réagir au quart de tour avec la réactivité du marinier aguerri qui anticipe la survenue de l'orage. Vous n'hésiterez pas à lâcher toutes vos amarres pour voler à son chevet, le rassurer, le soutenir à retrouver son cap.

Avec une détermination sans faille, vous vous armerez de toutes les ressources pour lui permettre de surmonter ces étapes déstabilisantes et douloureuses. Disponible jour et nuit, vous le prendrez par la main pour le guider sur ces sentiers tumultueux et lui éviter de s'enliser dans les terribles méandres de la dépression ou du renoncement.

De votre volonté rayonnera cette force tranquille qui lui insufflera l'apaisement et la sérénité pour garder la tête froide dans ces phases d'épreuves. Votre stoïcisme inflexible sera son roc d'ancrage le préservant du naufrage. Il puisera dans cette source intarissable de réconfort et de persévérance pour ne jamais lâcher prise et traverser la houle la plus démontée.

Et en retour, votre infaillible loyauté sera son élan vital pour surmonter tous les obstacles et se relever plus fort que jamais. Il comprendra que jamais vous ne l'abandonnerez, que vous resterez indéfectiblement à ses côtés, quoi qu'il arrive et peu importe les épreuves.

Votre compassion absolue sera son bouclier contre toute forme de résignation rongeuse. Elle lui évitera de sombrer dans le doute, le rejet de soi et la souffrance contreproductive d'une quelconque dévalorisation personnelle.

Car à travers vos yeux aimants, il se verra toujours sous les traits les plus valorisants de son être profond. Il réalisera qu'il peut se permettre d'être vulnérable et faible sans pour autant perdre son intégrité et sa dignité. Il comprendra que même dans ses phases les plus fragiles, votre amour pour lui ne faillira pas.

Cette foi inébranlable en sa grandeur d'âme vous rendra inébranlable pour l'encourager et le motiver à poursuivre son cheminement, même dans les brumes les plus trompeuses. Votre soutien sans faille deviendra ce catalyseur existentiel qui lui redonnera l'espoir et l'énergie pour accomplir les dépassements de soi les plus stimulants.

À terme, dans cette relation d'amitié épurée, l'être que vous aimez réalisera que votre présence indéfectible est un formidable accélérateur de résilience et de dépassement de soi. Et que si vous lui portez ce soin et cet amour inconditionnel, c'est pour qu'il puisse, à son tour, gagner en force et trouver en lui la sagesse de surmonter les épreuves en grandissant à chaque fois un peu plus.

Dans le creuset de votre affection, il découvrira que les vagues déferlantes de la vie recèlent en fait les germes d'opportunités insoupçonnées pour transcender ses propres limites. Des portes de sortie déguisées pour s'émanciper des carcans qui l'entravent et se réinventer plus libre, plus serein et plus aligné sur son idéal de vie.

Grâce à votre guidance empathique, il apprendra à accueillir chaque tempête non plus comme une menace, mais comme un merveilleux terrain d'entraînement pour forger son mental et muscler son âme. Une succession d'épreuves initiatiques qui, à chaque fois, lui permettront de s'élever un peu plus vers les sphères d'une plénitude intérieure toujours plus grande.

Bienveillant et dévoué, vous serez ce coach attentionné qui l'aidera à puiser dans ses ressources insoupçonnées pour transformer l'essai à chaque nouvelle embûche. Vous le guiderez avec patience et sagesse pour qu'il parvienne à extraire de chaque défi la substantifique moelle de sagesse, de résilience et de grandissement personnel qui s'y cache.

Sous votre aile protectrice, il gagnera en confiance, en maturité et en discernement pour voir dans chaque bourrasque, non plus une menace, mais l'opportunité d'accéder à un nouveau palier de conscience et de sérénité intérieure. Un tremplin vers plus d'authenticité, de paix intérieure et de réalisation personnelle.

Votre rôle sera alors de le pousser avec douceur mais fermeté à prendre le recul nécessaire, à ne pas se laisser submerger par le tumulte émotionnel de la situation. Vous l'aiderez à dézoomer, à comprendre que ces phases troubles ne sont que les prémices d'une régénération plus vaste, les signes d'un appel vers un nouveau commencement.

Avec patience et abnégation, vous le guiderez pour qu'il accueille ces cicatrices naissantes, non comme des infirmités honteuses, mais comme les tatouages d'une quête plus profonde de lui-même. Les empreintes glorieuses d'un voyage vers son être essentiel qui ne fait que commencer.

Pas à pas, vous l'accompagnerez dans ce cheminement pour qu'il embrasse sa vulnérabilité au lieu de la fuir, qu'il laisse tomber ses artifices pour mieux se dévoiler dans son entière humanité. Qu'il cesse d'avoir peur de sa vérité intérieure et de ce qu'elle pourra en révéler.

Vous l'encouragerez avec tact à lâcher les armures de ses conditionnements et de ses croyances limitantes pour se délester peu à peu de ces carcans qui l'empêchent d'entrer en communion totale avec son moi profond.

Grâce à cette fraternité inconditionnelle, il réalisera qu'il peut se permettre d'être totalement nu et désarmé face à lui-même sans risquer de perdre son intégrité et sa dignité. Au contraire, il comprendra que c'est là le seul chemin pour gagner en authenticité et en alignement avec ses aspirations les plus nobles.

Sous votre aile protectrice, il osera affronter ses peurs les plus enfouies, exprimer ses doutes et ses angoisses sans risquer le jugement ou le rejet. Vous l'accueillerez tel qu'il est dans ses fragilités, ses contrariétés et ses paradoxes pour l'aider à mieux se connaître, à se réconcilier avec ces parts d'ombre qui l'ont trop longtemps retenu prisonnier de lui-même.

Avec une infinie compassion, vous l'encouragerez dans ces phases de remise en cause et de reconstruction identitaire, l'accueillant sans préjugés dans son authenticité complexe et plurielle. Vous l'aiderez à se définir au-delà des étroites cases limitantes et des carcans de jugement dont il a longtemps été victime, pour mieux embrasser toute l'étendue de son potentiel.

Dans le giron de cette amitié sans concession, il découvrira alors toute la portée libératrice de cette acceptation radicale de soi, qui lui permettra d'atteindre des sommets insoupçonnés de paix intérieure, de lâcher-prise et de rayonnement serein. Il réalisera que cette capacité à s'accueillir et à s'aimer en toute circonstance avec bienveillance est la clé pour transcender toutes les épreuves et continuer à avancer léger sur son chemin d'épanouissement.

Grâce à votre guidance infaillible, il deviendra peu à peu un explorateur aguerri de ses contrées intérieures, un pèlerin endurci poursuivant sa quête de plénitude et de réalisation de soi sans se laisser déstabiliser par les cahots du parcours. Votre amour inconditionnel lui aura permis d'apprendre à composer avec ses propres limites et imperfections sans les fuir, les renier ou les combattre vainement.

Au contraire, fort de votre soutien indéfectible, il saura les accueillir pour mieux les intégrer, les embrasser pour cultiver cette forme d'humilité et de sagesse qui vient avec l'acceptation de nos vulnérabilités. Une forme de trêve conclue avec lui-même qui lui ouvrira la voie de la sérénité et de l'accomplissement durable.

Sous votre aile aimante et motivante à la fois, il aura gagné en maturité, en puissance intérieure et en discernement pour avancer d'un pas toujours plus assuré sur les sentiers de sa propre vie. Une ascension dans laquelle votre rôle d'ami attentionné et soutenant aura été celui du marinier fidèle, ce pilote bienveillant et expérimenté qui l'aura conduit au-delà des écueils sans jamais ne le brusquer ni le juger.

Simplement en étant ce phare dans la nuit qui lui aura permis de garder le cap, de rester aligné sur son étoile polaire dans les brumes les plus trompeuses. Cette main tendue indéfectible qui l'aura aidé à chaque fois à se relever, à retrouver son souffle et sa direction pour repartir de plus belle, grandi et revivifié par l'épreuve traversée.

Ainsi, à vos côtés au fil des ans, il découvrira cette formidable sagesse qu'est de savoir accueillir la vie dans son entière complexité, avec autant d'humilité que de résilience. Il apprendra que la véritable grandeur ne réside pas dans une vaine quête de la perfection illusoire, mais dans cette capacité à se réinventer sans cesse, à transformer chaque revers pour en faire un tremplin vers de nouveaux accomplissements.

Et si un jour il parvient au sommet de sa réalisation personnelle, il n'aura de cesse de vous dire combien votre présence solidaire et aimante aura été le plus précieux des catalyseurs sur ce chemin. Un compagnon dévoué sur qui il aura pu compter dans les pires tourmentes comme dans ses épiphanies les plus exaltantes.

Le révélateur qui lui aura permis de se transcender à chaque nouvelle étape, de gagner en force, en sagesse et en élévation spirituelle. Grâce à vous, il aura compris que les plus rudes obstacles ne sont que des portes dérobées à pousser pour accéder à de nouveaux territoires de grandissement personnel et de lumière intérieure.

Votre main tendue, votre épaule réconfortante et vos encouragements inlassables auront été ces garde-fous indispensables l'aidant à rester sur la voie, à ne jamais dévier malgré les vents contraires. Cette présence constante qui lui aura insufflé la motivation pour toujours se relever, repartir de l'avant sans jamais baisser les bras.

Il se souviendra de vous comme ce message d'espoir infaillible, qui n'a jamais douté de sa capacité à aller de l'avant malgré l'obscurité. Votre foi inébranlable en lui aura été son phare pour traverser les brumes les plus opaques, son inspiration vitale pour puiser l'énergie de surmonter les défis les plus dantesques.

Lorsqu'il évoquera votre rôle déterminant, il redira avec émotion combien vos mots toujours justes et empreints de perspicacité ont été ses éclairages salvateurs pour démêler l'écheveau des situations les plus inextricables. Avec quelle justesse vous avez su recadrer son regard pour l'aider à dézoomer et à appréhender les événements dans leur globalité plutôt que de rester focalisé sur l'arbre qui cachait la forêt.

Il se remémorera vos conseils avisés qui l'ont tant de fois remis en selle lorsqu'il vacillait et doutait de lui. Cette bienveillance jamais démentie qui lui a donné la force d'affronter ses propres démons intérieurs et jugements limitants pour retrouver le chemin de la confiance en soi.

Avec humilité et reconnaissance, il évoquera le temps et l'énergie immenses que vous avez déployés pour l'épauler dans ses phases les plus sombres, celles où le découragement menaçait de l'emporter. Combien de nuits blanches vous aurez passées à son chevet pour le rassurer et l'aider à retrouver espoir et détermination.

Il se rappellera ces moments décisifs où vous avez su trouver les mots pour le faire rebondir, ces piques dont vous aviez le secret pour le sortir de sa torpeur et raviver l'étincelle de sa volonté. Ces élans d'une fraternité sans bornes qui lui auront redonné la force de se battre malgré l'adversité.

Avec tendresse, il évoquera ces instants de communion totale, de plénitude partagée dans les moments d'insouciance et de félicités retrouvées. Ce lâcher-prise absolu qui vous permettait de rire aux éclats comme des enfants, de savourer ensemble les simples bonheurs de l'existence dans la plénitude de l'instant présent.

Il n'aura de cesse de vous remercier pour ces tranches de vie tissées main dans la main, dans lesquelles vous aurez été son principal artisan d'épanouissement. Pour cette capacité à l'aider à cheminer en toute légèreté au gré des saisons, en cultivant cet art de savourer le moment sans angoisser de l'avenir.

Il vous saura reconnaissant de l'avoir si bien aidé à évacuer ces tensions superflues et contrariétés superfétatoires pour mieux se concentrer sur l'essentiel, à savoir : la célébration constante du miracle d'être en vie, entouré de la grâce aimante de ceux qui nous sont chers.

Ému, il vous confiera qu'à vos côtés, il a compris que la vie n'était jamais qu'une succession d'étapes à accueillir, un enchaînement de renaissances, de mues intérieures et d'évolutions pour s'acheminer en douceur vers l'accomplissement de son idéal de plénitude et d'alignement.

Grâce à vous, il aura cultivé cette forme d'acceptation fataliste, de lâcher-prise et d'humilité face aux aléas de l'existence, ces vagues qu'il faut savoir chevaucher avec philosophie plutôt que de lutter vainement contre elle.

Conclusion

Être un ami attentionné et soutenant, c'est bien plus qu'un simple rôle à endosser, c'est un véritable sacerdoce à exercer avec la plus parfaite des abnégations. Un idéal à poursuivre avec l'humilité et la constance du pèlerin infatigable, sans jamais perdre de vue que ce chemin n'a de valeur que par les ricochets d'élévation qu'il génère chez l'autre.

Car au final, peu importe les efforts consentis, les nuits d'insomnie passées à réconforter celui qui vacille, les conseils prodigués ou les larmes essuyées. Seul compte le regard transfiguré de reconnaissance intense que vous lancerez à votre ami lorsqu'il réalisera à quel point votre guidance aimante et dévouée aura été son phare dans la nuit pour éclairer son voyage intérieur.

Ce sont ces yeux débordants d'une gratitude émue qui seront votre plus belle récompense et qui cristalliseront à quel point votre rôle fut capital dans son accomplissement. Lorsqu'au soir de sa vie, votre ami réalisera avec plénitude que jamais il n'aurait atteint ces rivages de réalisation personnelle sans ce compagnon d'exception que vous aurez été à chaque étape du parcours.

C'est cette paix profonde qui émanera de son être, cette forme de béatitude rayonnante qui éclairera ses traits lorsqu'il comprendra enfin que vos attentions et votre abnégation à son égard auront été les plus précieux des catalyseurs initiatiques sur le chemin cahoteux de sa transformation intérieure.

À cet instant, tous les sacrifices consentis, toutes les tranches de vie où vous vous serez effacé pour mieux servir ses intérêts prendront leur insondable dimension de grandeur et de noblesse d'âme. Vous réaliserez avec une plénitude extatique que c'est cela la véritable amitié : cette élévation mutuelle dans l'humilité et le dépouillement le plus total de l'égo.

Et dans le regard de votre ami, vous y lirez cette vérité indicible : celle qui fait que sans jamais chercher à briller soi-même, on devient pour toujours un flambeau qui rayonne dans le cœur de l'autre, dont la lueur continue d'éclairer ses pas sur les sentiers de la vie bien après votre propre trépas.

Alors, vous prendrez la pleine mesure de la portée de votre mission accomplie, cette œuvre presque sacrée dans son caractère immaculé et dépouillé de toute attente personnelle. Et vous comprendrez que c'est là le plus beau des héritages à léguer : avoir aidé quelqu'un à se révéler à lui-même, à embrasser son authenticité pour mieux réaliser son idéal le plus élevé.

Quel plus noble accomplissement en vérité que d'avoir contribué à l'épanouissement d'un être, à sa transfiguration heureuse, à son accession aux sphères de la réalisation et de la sérénité ? Quel plus beau défi que celui d'avoir aidé à émanciper une âme des entraves de ses conditionnements, de ses peurs et de ses doutes pour lui permettre de briller enfin de tous ses feux ?

Vous saurez alors que vous avez rempli votre rôle avec la plus grande des distinctions, que vous avez agi en véritable passeur d'âmes, guidant la sienne avec autant d'amour que de générosité pour qu'elle puisse transcender ses propres limites et se déployer dans toute la splendeur de son potentiel originel.

Dans ces moments de plénitude ultime, vous ressentirez avec une indicible gratitude d'avoir été à la hauteur de cet immense honneur d'avoir accompagné son parcours avec constance et abnégation. Et vous n'aurez de cesse de remercier la vie pour ce glorieux privilège que peu ont la chance de goûter.

Car tout au long de votre route, vous aurez constamment cultivé cette double flamme de la présence attentionnée dans la durée et de la disponibilité de chaque instant dans les moments décisifs.

Inlassablement, vous aurez poursuivi cette quête d'être véritablement présent et aligné sur le cheminement de votre ami, dans une forme de vigilance empathique de tous les instants. Captant ses humeurs, ressentis et émotions parfois avant même qu'il ne les exprime pour mieux l'accompagner au plus près de son ressenti.

Parallèlement, vous aurez su constamment endosser ce rôle de guide bienveillant et mobilisateur aux heures cruciales. Ce soutien moral et physique de tous les dangers pour permettre à votre ami de rebondir et de surmonter les étapes les plus périlleuses et déstabilisantes.

Dans les tempêtes, vous aurez été son roc protecteur, son ancre imperturbable pour qu'il puisse garder un cap serein quand les vents tournaient à la bourrasque. Et dans les accalmies propices, vous aurez œuvré pour l'aider à dissiper les brumes résiduelles et à retrouver lucidité et alignement pour mieux apprécier les clairs de lune tant mérités.

Votre capacité à doser ces deux postures avec finesse, dans un savant mouvement de danseuse entre l'effacement attentionné et l'engagement résolu, aura été la clé de cette amitié réussie. Ce qui vous aura permis d'accompagner votre ami jusqu'aux ultimes confins de sa réalisation personnelle, quand d'autres se seraient perdus en route.

Et c'est fort de ces deux moteurs complémentaires que vous et votre ami aurez su créer cette profonde alchimie de cœur et d'âme, ce lien spirituel indéfectible qui transcende les barrières du temps et de l'espace pour s'inscrire dans l'éternité. Une amitié devenue si pure et dépouillée dans son idéal le plus noble qu'elle frôle presque la dimension du sacré.

Une fraternité enfin pleinement accomplie, au terme d'un long cheminement sur la voie de l'abnégation et du dépassement de soi. L'aboutissement d'un engagement total au service de l'élévation de l'autre, où l'on réalise avec une stupeur bienheureuse que l'on vient finalement de vivre une tranche de vie hors du commun.

Un voyage initiatique aux confins de la générosité d'âme et du dépouillement intérieur les plus accomplis. Et la révélation qu'à trop se préoccuper du bien-être de son ami, on en vient finalement à frôler les rivages de la transcendance, à goûter un peu du Nirvana en contribuant à l'illumination de l'autre.